달거리

문학의전당 · 신작시집
달거리

ⓒ 김형출 2010

초판인쇄 2010년 11월 15일
초판발행 2010년 11월 19일

지 은 이 김형출
펴 낸 이 김충규
펴 낸 곳 **문학의전당**
출판등록 제387-2003-00048호.(2003년 9월 8일)

주　　소 121-718 서울특별시 마포구 공덕2동 404번지 풍림VIP빌딩 202호
전화번호 02-852-1977
팩시밀리 02-852-1978
블 로 그 http://blog.naver.com/mhjd2003
전자우편 mhjd2003@naver.com

I S B N　978-89-93481-74-7　03810

*이 책의 판권은 지은이와 문학의전당에 있습니다.
*양측의 서면 동의 없는 무단 전재 및 복제를 금합니다.
*잘못된 책은 바꿔드립니다.

달거리

김형출 시집

문학의전당

自序

"시詩빚에 대한 항변"

　접시 안에 내가 있다. 시인이란 명패를 달고 세상에 나온 나는, 민망하다 못해 얄궂다. 시인의 명패 때문에 흉잡힐 때가 많은 동네북이다. 시 쓴 지 8년 만에 문학상이란 걸 하나 받았는데 나에게는 참 의미가 있는 상이다. 갈 길이 먼 시인에게 용기를 불어넣어준 최초의 문학상이라서 깊이 새겨본다. 염치불구, 제1회 방촌문학상 수상작 몇 편과 서툰 발표작도 수록하였다. 그래도 좋다. 좋은 걸 어떡하나, 시인의 영역은 생명을 초월한 자유라서 좋다. 또한, 우주처럼 광활하고 밴댕이 소갈머리처럼 옹졸해도 좋다. 또 흉잡힐 일을 저질렀으니 존경하는 독자께 용서를 구해야겠다. 용서해 주십시오. 시어들을 마른걸레에서 열심히 캐내고 구정물에서 낚아 보겠나이다. 내게 아들 하나가 있는데 나와는 참 별난 인연이다. 아들이 병마로 힘들어할 때 아비는 아들을 위한답시고 시 한 수에 울고, 웃고 아들은 아비를 위해 모노드라마 '씨앗냄새'를 공연하였다. '씨앗냄새'는 아들과 아비의 인연이 담긴 소중한 생명이다. 거기에 '접시'가 놓여있었다. 본인의 제1시집 『비틀거리는 그림자』 대표작이 「씨앗냄새」이다. 「씨앗냄새」와 「접시」 때문에 나는 독자에게 시詩빚을 져 빚쟁이가 되었다. 먼 훗날 개나리 종소리 같은 아름다움으로 시詩빚을 꼭 갚으리다. 생명이 방울방울 수유하지요. '수유하지요.' 알고 보면 모든 것은 당신의 『달거리』에서 태동하였다. 우물 안에서 달그림자가 시리게 떠오른다.

2010년 김형출

| 차례 |

1부 달거리

희망을 짓고서 • 13
고향나무 • 14
손톱달 • 15
재피나무 • 16
느그 아부지 • 18
스프링 컵 • 19
달거리 • 20
엉큼하다 • 22
커피나무여 • 23
무위無爲 같은 말 • 24
산수연꽃傘壽宴花 피어서 • 26
워낭소리 • 28
침묵의 124병동 • 30
공간 • 32
접시 • 33
빵과 현실 • 34
허수아비야 • 38

2부   그 어떤 눈물에 대하여

경계의 안팎 • 43
말[言]의 뼈다귀 • 44
버무린 가족 • 47
잠복기 • 48
언어기둥 • 49
여름 그물 • 50
폐차장 문[門]은 두 개다 • 51
파문 • 52
가시박 • 53
푸른 장미 • 54
그 어떤 눈물에 대하여 • 56
천안함 • 58
사계의 반란 • 60

3부 팽이

훔치고 싶다 • 63
애우愛雨 • 64
기도 • 65
지갑 안에 하루가 있다 • 66
팽이 • 68
못난 아비 • 69
너 그림자 • 70
이상한 봄눈[春雪] • 72
가을편지 • 73
기다림의 백미 • 74
동행同行 • 75
겨울 집 • 76
생각의 그림자 • 78
외상값 • 80
상갓집 풍경 • 82
쌀밥 • 84

4부 수유하지요

겨울 그물 • 87
수유역사거리의 밤 • 88
망가지는 것들에 대한 생각 • 90
수유하지요 • 92
티타늄물고기 • 94
아침이 깨다 • 95
똥에 대하여 • 96
버무린 달 • 98
바람꽃과 연애하는 씨눈 • 99
벽 • 100
진경眞境 • 102
김씨네 고물상 • 103
좌 · 우 경계 • 104
비[雨]에 대하여 • 106
시린 상처 • 108
어떤 갈등에 대하여 • 110
해바라기의 변명 • 111

시인이 쓴 평론_김형출 • 112
기형도 작품에 나타나는 그로테스크 리얼리즘 미학

1부

달거리

희망을 짓고서

후후, 지난날이 미워서가 아니다
후유, 오늘이 만족해서도 아니다
하, 내일이 궁금해서이다
기억과 망각보다는 상상에 투자하겠네
인연을 어찌 잊을까마는
세상이 블랙버드*처럼 지나갈까 봐 끔찍하고
사람이 안드로이드와 결혼할까 봐 끔찍하고
복제인간들 세상이 올까 봐 끔찍하고
내가 나를 몰라볼까 봐 끔찍하고
지구가 우주를 떠날까 봐, 끔찍하다
매 순간 가능성이 있다 나는, 사라져도
상상이란 얼마나 끔찍한 희망인가를…. 봐라
기억과 망각에 구속된 자유를 펼쳐놓고
나는 상상에 붉은 희망을 걸었네
삼백예순다섯 개 달린 빛과 그림자와 사귀면서
산마루에 솟아오르는 붉은 태양을 맞이하며
희망을 짓고서, 얼굴이 볼그레하다.

*세계에서 가장 빠른 검은 새

고향나무

도시의 소연騷然이 밀어닥치기 전에 서둘러 청벽靑甓을 쌓고 왕소금을 뿌려보자꾸나. 주접 들린 나무들이 웅성웅성 모여 있다. 고로쇠나무, 흉측한 몰골의 폐허가 돌림병처럼 만연해도 치유 없는 도시의 소연은 한바탕 소란을 피웠다

막 톱 하나 달랑 꼽고서 동네를 횡그렁 한 바퀴 돌아보면 당산나무 귀신은 세상살이를 손살피처럼 꿰고 있는지 입담은 무던했다. 은밀히 피었다 지는 생명의 엄연함이 차라리 여기에서 오롯하기 때문이다. 소연 속에는 잿빛 반란이 차있지만 적막寂寞 속에서는 모두가 등가等價이다. 움직임이란 모두 진지한 것뿐이리라 환경의 총화가 '너'와 '나'라는 사실이 실감 날 즈음, 도시의 소연은 차라리 안개가 되고 만다.

해가 꼴깍 떨어지고 가마솥에 불을 지피면 아궁이는 붉은 혀를 날름댄다. 도시의 소연이 밀어닥치기 전에 하루라도 더 많이 왕소금을 뿌려놓고 고향 말을 들어보자꾸나! 귀담아서 여기저기 동구나무 귀 속에,

손톱달

파란 바다
쌍 손톱 부둥켜안고 있는,
조각배 걸어놓은 바스트*의 시린 동공
한밤중에 모여 명분 없는 집회를 거부한 타원형의 비밀들
기우는 그믐달, 반달, 보름달은 해바라기의 아내였다
그 안에 손톱만큼씩 커 나는 씨앗 먼지
얼굴에 붙이고 싶은 보드라운 갈무리 빛.

*바스트 : 고대 이집트의 달의 여신(고양이 여신)을 상징함

재피나무

고향에 가면
까만 좁쌀 안에 어머니가 앉아계신다
어머니는 새벽녘에 별을 까고 하늘을 판다
물동이를 판다
물동이 주둥이에서 빗물이 쏟아진다
찢어진 우산으로 흙밥을 짓고 계신다
여섯 손가락에 물릴 흙밥은 칭얼대며
굴뚝에서 젖을 빨고 있다
허기진 굴뚝에서 소리가 난다
죄다 뜯기고 물린 생채기는 시리도록 따뜻한
당신의 흙밥이었다.

한 조각 먼지로 머언 길 떠나던 날
담배연기는 콧등을 타고 어머니를 숨겼다
지금도 앞마당 가느다란 귀퉁이엔
어머니가 쭈그리고 앉아 빠끔 담배를 태우고 계신다
톡, 깨지는 혓바늘 속에 어머니의 입 냄새가 난다
냄새는 찌릿한 심장을 훑어 올린다.

고향에 가면

얼레빗 머리카락에서 어머니가
보글보글 걸어 나오신다
그 뒤로
좁쌀 그림자 하나, 재피나무를 말고 있다
재피가루 한 톨 고향에 말아 넣고 있는 나는,
고향을 털어내고 있다.

느그 아부지

느그 아부지, 문디 사투리이다
달콤 쌉싸래한 첫맛이나 톡 쏘는 뒷맛은
무뚝뚝한 막걸리 맛, 텁텁한 호랭이었다
고래고래 내지르는 고함은 뭐할 끼고
장숫골長水谷*이 고마 오돌오돌 떨었지
막걸리에 취하면 오냐오냐 흥얼흥얼
만사가 다 좋다!
아부지에게 진 빚 갚을 길이 없다
원금 빼고도 이자가 불어나 그것처럼 세월만 퍼마셨지
이럴 줄 알았더라면
관 속에 문방구 백지수표라도 입금할 걸 그랬어,
뽀얀 눈이 비틀비틀 내리는 이상한 춘삼월이면
노처녀의 히스테리처럼
느그 아부지 완두콩 같은 젖꼭지가 그리운 밤이다
지금, 느그 아부지, 폐주廢酒됐다
막걸리 한 사발에 뿌린 기억처럼,

*지명 : 安陰(현 안의면)3동 중 한 곳, 일명 용추계곡(尋眞洞계곡)

스프링 컵

변별력이 무뎠을 때
감아올린 와이어탑은 탄성이다
견고한 부조화를 유연하게 버텨내면서
형상기억이 배배 빙글빙글 꼬며 압축당한 힘
너는 강해서 꺾이지 못하고 부러질 뿐
형상 하나만은 후회가 없어 보인다
열량을 담아 전달하고 녹일 뿐
주제는 넘보지 않는다
엘보와 목뼈에 붙은 스프링 컵
뼈마디에 붙어사는 오뚝이 같은 질긴 연으로
스프링와이어가 세월처럼 붙어 있을 때
하, 하고 용수철은 튄다
어디로
하, 하고 나도 튄다

우주 같은 스프링 컵이 튄다
하, 탄성이 솟구친다, 힘의 균형

달거리

오늘은 그녀의 월수月收 찍는 날
구름에 가린 달빛 때문에 우물이 컴컴하다
달이 차면 기우느니'
우물은 우울증에 어지럽다
그녀의 첫 월수 날은 선홍빛 어린 봄날
동백꽃 초경처럼 덜컹 겁이나 서럽게 울었고
수줍던 가슴엔 여린 꽃망울이 피었다
지금은 탱탱하게 여문 늦은 가을밤
겨울이 걱정되어 또 서럽게 울었다
월동준비에 허리가 아프고 아랫배가 아파
사랑이 아파온다, 성숙하게
우물 안에 달은 기억의 샘이다
밝은 동굴이다
동굴을 왕래하는 바람 소리는
지아비가 찾고 있는 두레박 숨소리이다
찰랑찰랑 보름달이 기울고
달거리 유효기간이 끝났다 싶더니
우물단지에 연꽃처럼
가섭의 미소를 지어 보이는 것이다
자연의 일부인 그녀의 월수는

이젠, 초승달을 찍고 시각처럼 흘러가는
그믐달 나룻배 같은 동백꽃 월삭越朔이다.

엉큼하다

어둠처럼 엉큼하다
내가 엉큼해서
나를 잘못 알고 있는 사람에게 미안하다
나는 착하지도 정이 많은 사람도 아니다.
때로는 가면 쓰고 너를 속이기도 한다
제발 나를 칭찬하지 마라
칭찬 받을 만한 사람이 아니라서 미안하다
혹시 나에게 상처받은 사람이 있다면
진심으로 용서를 구한다
상처란 어둠 속에도 보석처럼 빈정댄다
다시 한 번 말하노라
지순至純에서 나를 지워다오
나를 잘못 알고 있는 사람에게 미안하다
시詩는 착한 것을 거부한다
진심이란 것도 거부한다

커피나무여

여기, 커피나무 한 그루
너에게
사랑, 정열, 꿈, 희망, 미움, 슬픔
그리고 손톱 같은 한 잔의 여유까지 주었다
악마같이 검고, 지옥처럼 뜨겁게
탈레랑의 혀처럼
신맛, 쓴맛, 단맛, 쌉쌀한 맛
부드러운 안개 맛까지
짧고 긴 향미는 짜릿한 쉼표, 너에게로 입맞춤은
카페인의 유혹
바리스타'의 보석처럼 향긋하다

여기, 커피나무 한 그루
너에게 소중함은 작은 사랑
사랑해~ 젊은 꿈이여
'Cafe Ti-amo 행신햇빛점' 커피나무여!

*2010년 4월 21일, 'Cafe Ti-amo 행신햇빛점' 개업 祝詩

무위無爲 같은 말

무디고 날카로운 말이 입술을 떠나갈 때
누구의 가슴에 중심이 되지 못하고
일상에서 통과한 찌든 말들은
그림자처럼 흔적을 지우고 흩어진다.

흩어진 말들은 나를 죽어가는 달팽이쯤으로 여기나 보다
달팽이 나선 안에 남겨둔 낯설고 냉소적인 말에는
창자를 끊어내는 말, 정수리를 내려치는 말
팔다리를 잘라내는 말
심지어는 텔레비전 안테나 같은 수다까지
너무나 태연해서 난 막무가내로 흔들린다
그래서 칼날 같은 세 치 혀는
이러쿵저러쿵 말들을 내버려두지 않는다
말들은 몰캉몰캉하나 단단하다
인연처럼 만나고 헤어지는 말들이 있다
말들에 포위된 나는 두렵다
어떤 말 앞에선 허리를 구부리고
이런 말 앞에선 뻣뻣하게 성기처럼 일어선다
잃어버린 전생의 말 앞에서는 기억을 더듬거리고
짊어지고 가야 할 말 앞에서는 주섬주섬 구물거리기도 한다

요즈음 말과 말에 대해 유감이 많다
내가 남겨 두어야 할 무위 같은
다 못한 오롯한 말들이 있기에
빨갛게 익어가는 혀 속에서 침묵하는 무위 같은 말

산수연꽃傘壽宴花 피어서

뷔페 접시에 세월이 수북하다
식솔들은 참 좋겠다
아름다운 꽃, 산수연꽃* 피어서

오늘따라 나라님이 부럽지 않네
화들짝 핀 산수연꽃 머금고 있는 식솔들
웃음꽃 찬란하고
등 굽은 꽃대에 세월이 그렁그렁하다
음력 유월의 산수연꽃
세월에 굴하지 않고 꿋꿋이 버티더니
티 없이 깨끗하게 연꽃으로 피어나다.

당신은 아름다운 칠월의 꽃
염화미소로 답하며
한여름 서리꽃 송골송골 맺혀 있다
우리 장모님, 작은 품 너른 가슴
오 남매를 품어 안고
든든한 울타리로 세상에 우뚝 서셨네
언제나 바른길로 외롭지는 않은지
휴대전화기는 부재 중, 아무런 말이 없네

그래도 세상을 탓하지 않은 세월
이젠 우리가 당신을 보듬어드려야지,

뷔페 접시에 세월이 수북하다
식솔들은 참 좋겠다
아름다운 꽃, 산수연꽃 피어서

*신현지 여사님을 위한 축시(양력 2009.7.29/음력 2009.6.8)

워낭소리

뎅그렁뎅그렁
워낭소리 구슬프다
달깍달깍 상머슴 한숨소리
늙는 것도 서러운데
자식놈들 눈총이 더 서럽구나
댕그랑 산골 마을, 도회지에
어김없이 아프다
워낭소리

아버지 전생은 황소
어머니 전생은 암소
누렁이 전생은 상머슴
상실된 노동의 에누리
흙의 목덜미가 아프다
워낭소리
금 간 뼈마디 소리
삐걱삐걱 아버지, 어머니 코뚜레를 닮았다
눈곱 낀 상머슴의 질긴 인연
눈물이 난다

뎅그렁뎅그렁
워낭소리 구슬프다
달깍달깍 상머슴 한숨소리
가득 실은 달구지
장숫골長壽谷 자갈길 위로
덩그러니 구르고
장산불長山火 언덕배기
늙은 소 두 마리와 상머슴
오도카니 앉아 쓸쓸한데
멀어져간 워낭소리 쟁기처럼 힘이 들고
고향에 땅 안개비가 되다

침묵의 124병동

이별은 인연처럼 묘연하고
만남은 악수처럼 반갑다
고마워, 거기에 있어서…. 아들아

젊은이의 한 고단함이 체온처럼 아리다 못해
링거 방울처럼 눈물을 흘리는 것이다
어둠 안에서 다가오는 절박한 기적 소리를 보았다
꽃이 아름다운 것은
꽃잎이 떨어지기 때문이라는 것을
이별이 서러운 것은
만남의 질투 때문이라는 것을
모르는 바 아니지만
모르면 모를수록 행복하다마는
이별 같은 인연으로
만남 같은 인연으로
어두운 밤에
숨이 찬 기적 소리를 기다리는 124동 병실들
히터처럼 따스하고 형광등 불빛처럼 환하다
백합꽃 같은 사랑이 피었다 지면
긴 겨울은 지나가고 매몰찬 신음만큼

씨앗냄새는 흥건하게 이별과 만남을 배웅하고 마중하겠지

추억의 124병동 안쪽, 이별에 관해 의문이 있다
어디에도 죽음은 보이지 않는다
124병동 안에는 없다
창밖에 어둠이 노래하고 별이 총총한 걸 봐서
나는 죽음을 모르는 무식한 자다
죽음 그 자체를 본 적이 아직 없기에,

공간

집이 화났다
집주인이 아닌
집이 싫어 집을 팔았다
집이 싫어 집을 떠났다
고즈넉한 가을밤에
집주인은 달집 짓고 알콩달콩 살다 보니
집 때문에 어떤 것 하나 할 수가 없었다
덩그러니 앉아 쉬라 하면 쉬고
오도카니 일어나 지키라 하면 지키고
가두어 놓은 열망
풀어놓은 열망
가두어 놓고 풀어놓지 않으면 넘쳐나

어떤 것 하나 할 수 없는
무제無題인 것,
집이 좋아, 집을 지었다
집이 좋아, 집에 돌아왔다
집주인의 집은….
집이 싫었다.

접시

시계 접시가 앞에 있다
호모 엑스페르투스homo expertus는 접시 위에
떨고 있다
애처로운 눈과 마주쳤을 때엔 미안하다
나는 시방 굶주린 식탐이다
사沙접시는 일회용 접시가 아닌 우리네 인생
접시 안에 빛깔 좋은 죽음들이 모여 있다
붉은 토마토, 노란 오렌지, 흰 실타래,
파란 고추, 빛살 좋은 생선회조차
일상을 움켜잡고 떨고 있다
인생은 수평으로 드러누워
접시 안을 비어놓은 눈물 한 방울
'큰 소리를 내면 접시가 깨어진다.'는 이것은
진부한 얘기이다
그래서 정갈한 내 머리카락은 눈물을 떨어뜨리는 것이다.

*호모 엑스페르투스homo expertus : 실험하는 인간의 속성

빵과 현실

1 바닥의 미학

바닥을 치고 끌어올리는 빨간불처럼
바닥을 치고 끌어내리는 파란불처럼
경제의 정점은 용수철의 반란이다
시간을 사는 파는 사람들 가슴엔
오늘 하루가 죽음이다
일을 해도 가난한 사람들
쌀 한 톨에서 땀을 건지고
손발에서 노동을 건지는 밥상머리의 행복을
우리는 알지요
천상에서 끌어내린 땅바닥의 미학을
놀고먹어도 부자인 사람들
백지수표에 수북하게 비어 있는 세 치 혀의 현란함조차
무노동 무임금의 슬픔조차도
흑과 백의 질투조차도
생각의 부재조차도
고여 있는 곰팡이조차도
밑바닥을 홀대하는 얄미운 것들
우리는 알지요

요즈음 같은 세상, 밑바닥에
시詩덫이나 놓아볼까
발간 불이 걸리나? 파란 불이 걸리나?
바닥의 미학 우리는 알지요.

2 경제 대중영합주의

나라가 온통 경제학 박사들만 우글거리는데도
나라가 요지부동인 것은
경제가 대중영합주의에 포위당했기 때문이다
나라가 온통 정치가들만 득세하는데도
정치가 바닥인 것은 세 치 혀가 대중영합주의에 점령당했기 때문이다
영혼이 고여 있는 썩은 물에서는 경제가 살 수 없듯이
토목공사를 삽질밖에 볼 수 없는 영혼이
놀랄 수밖에 없다
빳빳한 고층빌딩도 삽질이 없으면 세울 수가 없는데도
백성은 홀리고 있다
세상은 단단히 미쳐 있기 때문이다

이제는 병든 영혼을 몰아낼 때다
어떤 경제적 가치는 세 치 혀가 침묵하고 손발과 영혼이
땀 흘릴 때만이 가능하리라
백성이 배부르다고 큰소리칠 때
비로소 소리 없는 아우성을 질러 보는 것이다.

3 모여든 하루

들어 보고 먹어 보고 싸 봤지만, 형체가 없다 오늘 하루,
하루살이 쌍 날갯짓을 상상하면 하루가 모호하다
시간을 정지하면 침묵하고 세 개 다리로 더듬어 걸으면
하루는 수직으로 떨어진다
똑딱똑딱 시간유예 안으로 아침밥이다
나는 아침밥이다 밥그릇 밥알이 뽀얗다
신발장 낡은 구두가 배고프다
여왕벌조차 외출이다
일벌의 아침밥은 고봉이다
수벌 아침밥은 배고프다 못해 퇴출이다
무노동 무임금의 지독한 몸살에

죽어가는 수벌의 시체를
꿀벌 나라에서 보았다.

하루를 끌어가는 낡은 구두창에
굶주림이 모여들고
밥알처럼 수북하다
시간의 유예 안으로 모여든 하루
일어나라! 아침밥이다.

허수아비야

외발이 허수아비야 반갑다
가을비 산 밭, 외발이 허수아비 보고 싶어
마우스를 클릭했지
은류 손에 붉은 티셔츠
흰 베레모가 근사하구나, 허수아비야!
참새 떼 업신여기면 어때서 혼자가
네가 거기에 있어 좋다
내 아버지 할래? 허수아비야
내 아들 할래? 허수아비야
내 애인 할래? 허수아비야
너희, 허수아비 이름 함부로 부르지 마!
허수아비가 어때서
너희보다 행복하단다
허수아비는 오 일 근무제 없이 일주일 내내 일하지
단벌로 절약하고 스물네 시간 노동하고
심성이 곱구나, 허수아비야
바람이 뽀뽀해주지
햇빛이 안아주지
참새가 노래해 주지
먼지가 오곡밥 지어 주지

뭔 걱정
솟대처럼 서 있다 보면 외롭고
다리가 아프다마는
내 입으로 허수아비라 부르지 못해
너에게 미안해서
이렇게 허수아비가 되었다 나는,

허수아비가 허수아비를 조롱하는 뭇 세상 말이야
재미있잖아

2부 ……그 어떤 눈물에 대하여

경계의 안팎

1

거울 속에서 아이러니를 발견하고도 우중충한 날씨처럼 무덤덤하게 나를 바라봅니다. 하루에도 수차례 나를 바라봅니다. 하루를 헤아려보면 하루는 공허하고 하루를 망각하면 하루가 그리운, 그런 여백을 보면서 나는 변해갑니다. 낡은 가죽 지갑처럼 주름지고 빛바랜 나를 봅니다. 보면 안 보이고 안 보면 보이는 거울 속에 나를 가두어놓고 풀리지 않은 난해한 문제를 질투합니다. 보면 안 보이고 안 보면 보이는 것은, 까칠하게 자라난 턱수염과 껄껄한 콧수염은 염색체가 다릅니다. 거울 속에서 나는 말을 합니다. 물레방아 전깃불처럼 눈꺼풀을 깜박거리며 이마에는 성난 갈매기가 낡은 옥수수 알로 거울을 문지릅니다. 보면 안 보이고 안 보면 보이는 것은,

2

낮과 밤의 조합처럼 오르가슴의 부스러기가 시리기 때문입니다.

말[言]의 뼈다귀

서럽네 도로 담지 못하는 내 악담들
숭숭숭 내 잇몸이 서럽네 서러워서
앓다가 돌아누웠네 입술 떠난 세 치 혀

1
과녁을 향해 말[言]을 쏘았다
이미 입술을 떠난 소리는 방황 중,
어제 한 말, 오늘 한 말, 내일 할 말
심장에 꽂힌
부러진 말, 부서진 말
빗나간 말까지
과녁에 꽂혀 내게로 되돌아온다

과녁을 향해 말을 쏘았다
이미 입술을 떠난 소리는 방황 중,

2
말[言]의 촉매인
세 치 혀는 한낱 소모성 부품에 불과하다
때로는 칼날보다 예리하고 침묵沈默보다 강해서
찻잔에 해일이 일고 비단결보다 보드랍다.

뭇사람은 세 치 혀를 말의 창고로
선選하지만
세 치 혀는 독침 같은 칼날이다
세 치 혀는 입술 같은 사랑이다
하루살이 세 치 혀는
나불나불 독버섯 돌기처럼 감미롭고
나불나불 가시처럼 몰캉하다
사람이 말을 남기는 곳,
세 치 혀는 흔적을 남기지 않는
사라지는 소리이다
하지만,
사람이 변한 게 아니라 작은골이 변한 거다
9.09cm 세 치 혀는 뱀처럼 길다
요즈음 문장文章들도 9.09cm 세 치 혀 같은 입점이다.

3
말[言] 하나 이것은
싫다.

말 하나가 달팽이관을 후려친다
말 하나가 숨구멍을 찌른다
말 하나가 내 오장육부五臟六腑를 꺼냈다
무조건 이것은, NO!
무조건 이것은, YES!
다 싫다

내 머리통이 깨진다.

버무린 가족

우리 셋은 서로 코드가 맞지 않는다
그래도 붙어산다.

아내는 텔레비전 남자와 연애하는 재미로
아들은 이유 없는 역마살 재미로
나는 질펀한 엉덩이 글 쓰는 재미로
그래도 붙어산다, 고목나무에 매미처럼 붙어산다
우리 셋은 버럭 화내고 호통치고 깔깔 웃기도 한다
우리 셋은 코드가 맞지 않아도 밥은 잘 버무려 먹는다
단것과 쓴 것이 버무려져 신 것이 되었을망정
서로 버리지 못하고 한 몸처럼 붙어산다.

잠복기

참 이상한 일이다
가평 야생수목원 '꽃무지 풀무지' 나뭇가지에 엮긴
잠복기가 예사롭지 않았다
두더지가 생각났다
땅굴 안에 잠복 중인 주둥이가 뾰족하다는 소문,
눈이 퇴화했다는 소문,
후각, 청각이 예민하다는 소문,
비밀이 기발하다는 소문,
올빼미의 매복이 예민하다는 등
동굴은 죽음처럼 조용하다
그 안의 보석 같은 비밀 등이 더 이상하다

아들 복부 림프절에 침투한 호지킨림프종이
영양실조처럼 위장했다
그래서 무섭다 한순간을 위해 잠잠하다는 것은
침투를 위한 음모이다
불안해도 편안한 이 밤의 꿈길은,
너 안의 고요처럼 불안하다

언어기둥

어저께 언어로 기둥을 세우는데, 그저께 밤처럼 긴장감이 와르르 무너지고 말았단 말이야! 입은 삐뚤어도 말은 바른말이지, 언어와 손톱만큼 친해지다 보니 막말로 '어색하더라.' 이 말씀이야. 그저 내빼는 미꾸라지처럼 빤질빤질하다 보니 긴장감, 미감이 없는 가마무트름한 가슴에 털 같은 수염이 없어, '쥐뿔'에게 물어봤어, 쥐뿔은 쥐의 음낭인데 '쥐뿔도 없는 놈' 이것은 언어 기둥이 아닌 저쪽에 있는 의식적인 짜깁기란 말일세. 의식적인 머릿속은 뭘 몰라도 한참을 몰라 그 모양이었어. 통속적이고 진부하고 구태의연한, 안 짜릿한 언어로는 떨림이 죽는다는 것. 기둥은 캄캄한 밤에 보이는 별빛 같은 그림자여, 마른걸레 짜내는 축축한 오해 같은 이해….
어저께 언어로 기둥을 세우는데, 그저께 밤처럼 모래기둥이 와르르 무너지고 말았단 말일세, 마른걸레 짜내는 축축한 이해 같은 오해….

세상은 하도 이빨이 억세, 언어기둥 얘기는 너 아니라고 물고 늘어져야겠다 이 말일세, 언어기둥은 나야 나.

여름 그물

여름 그물,
너는 가벼운 나뭇잎 한 장 남기고 벗어야 한다
보일 듯 말 듯 애태우는 바람처럼 벗어야 한다
칠팔월의 태양 아래
한 남자가 공원벤치에 웅크리고 있다
벗을 수 없는 사연을 입술에 감추고
검정 잠바를 걸치고 있다
땡볕은 찜통인데 몸과 마음은 겨울이다
얼굴과 가슴은 시베리아 허허벌판 같은
꽁꽁 얼어붙은 여름이다
무가지 같은 노숙자는 이렇게 눈물을 흘리는 것이다
한 방울 두 방울 송곳처럼 찌르는
지난 봄날의 아픔을 그리워하며
토막 난 담배 개비에 얼어붙은 목숨을 구걸한다
검은색 불 지피다 못해 뿌연 담배 연기를 원망하며
"담배 몇 개비만 주세요!"
"추워서 무서워요!"
몇 년째 겨울은 춥지 않을 거라며 냉정하게 돌아서는
팔월의 땡볕이 징그럽다
땡볕 한 조각이 그리워지는 추운 여름날이다.

폐차장 문門은 두 개다

목숨이 다한 차들이 구급차에 실려 비좁은 폐차장으로 유입되고 있다 팔다리가 부러지고 머리통이 깨지고 눈알이 빠지고 귀가 찢어지고 째진 이마엔 까맣게 금이 간 하얀 입술, 창자가 붉게 삐져나온 죽음들이 주검을 염하고 있다. 어떤 죽음과 주검을 기꺼이 환영한다는 지게차의 강압은 엄숙했다 "죽음을 신청한 자는 한 줄로 서시오!" 새치기는 하지 말고, 드디어 집게차는 붉은 손톱으로 생을 해체한다. 우선 주민등록번호를 지우고 등가죽을 벗겨 낸 후 등뼈와 창자 속을 발라내면 숨 가쁘게 질주하던 열망들은 해체된다. 이럴 때 비로소 폐차장 문은 닫히고 나는 자유로운 한 마리 새가 된다.

폐차장 문을 열면 재생된 희생은 예삿일이 아니었음을 안다. 기름과 땀범벅 속에서 만난 노동의 인연은 숨 가쁘게 질주했던 전생의 열망이리라. 오늘은 자유롭게 오가는 집게차가 그립다 폐차장 문門은 두 개다.

파문

세상이 너무 싱겁거든 텔레비전 화면에 돌을 던져보라! 그러면 거울 같은 텔레비전 화면은 쨍그랑~하고 9시 뉴스처럼 꼬리에 꼬리를 물고 파문을 일으킨다. 내 머리 정수리까지 전달된 파문은 안테나가 된다. 봐라, 파문은 수면에 돌을 던졌을 때만 퍼져 나가는 현상만은 아닐 거다 지독한 갈지之자로 비틀거리는 파문을 보려거든 아가씨가 우글거리는 술집으로 가라, 자살골을 보려거든 전용축구장으로 가라, 나체를 보려거든 누드촬영장으로 가라, 싸움꾼을 보려거든 여의도로 가라, 그러면 제대로 된 파문을 볼 수 있다 그래도 궁금하면 그루터기에 생긴 나이테를 보라 나이테는 아무 말을 하지 않는다. 어쨌든, 파문은 남녀가 섹스를 시작할 때부터 오르가슴에 도달하는 비정상적인 체온 같은 맥박이다. 하지만, 세상에서 가장 큰 파문은 늙지 않는다는 오류다.

가시박

여린 것이 참 별스럽다
하루에도 열댓 번 그것 하는지
암내가 유별나다
낳았다 하면 녹색 파괴다
유들유들 가녀린 덩굴손에
덩칫값도 못하는 못난 나무야
바짝 엎드린 들풀들아
흔적도 없이 새는 시간처럼
소리소문없이 당하고만 사는
그 고달픈 생이 아프다
천적이 없다는 것이 불공평하다
거미줄에 낚긴 죽음처럼
거미의 덫에 걸려든 사슬처럼
생존법만큼은 가시박에 배웠어야 했다
너 아니면 나뿐이라는 요즈음 인간들
하는 짓거리들조차 닮았으니
욕해주고 싶다
결국 채색된 것은
냉혹하게 고사하는 모순된 생존이다

푸른 장미

네로 애인은 붉은 장미
클레오파트라 애인은 붉은 오르가슴
나폴레옹 애인은 검은 워털루
바다 물거품 속에서 태어난 사랑의 여신, 비너스
피었다 시들었다 지는 붉은 장미여,
6월 햇살 새빨간 립스틱 9월까지 바르고
해바라기 꽃잎이 피고지고 어둠이 떨어지면
아프로디테와 아도니스에 눈물 흘리지만
이시스 사랑도 붉은 장미처럼 피고 지다
붉은 손톱, 흰 넝쿨, 황금 잎을 크림트 액자에 두르고
하늘에 핀 꽃, 바다에 핀 꽃, 땅에 피어 있는 꽃
그중 나는 아껴서 말하는 것
푸른 향기가 난다
불멸의 가시, 붉음을 거부한 푸른 장미여!
1001까지 수줍게 나를 유혹하여라

기적이 일어났다
꽃말이 파괴되고 그림에 떡
이제는 구순의 떡이 되었으니
푸른 장미의 고향은

페튜니아petunia의 유전자가 잉태한 13년의 세월이다
호주의 Florigene와 일본의 Suntory가 결혼하여
낳은 'Blue Rose'의 새 상상을
꿈 같은 기적, 기적 같은 꿈이면 어때요?

그 어떤 눈물에 대하여

눈물샘이 흐려 있는 사람은
눈물에 대해 무관심해도 좋다.
눈 안에 눈물이 고여 있다
눈물이다.

어떤 가수는 사랑은 눈물의 씨앗이라며
감정에 어깃장을 놓고
어떤 정신과 의사는 어떤 눈물을 긍정적으로 반응하며
정신과 환자들을 혼란에 빠뜨렸다
또, 어떤 대학교수는 그 눈물이 웃음 같은
모순된 긴장감이라며 시인 흉내를 내기도 했다
최근, 어떤 철학자는 눈물은 고도의 진화된 행동이다
소리치며 다윈에게 우쭐댄다

그럼 시인의 눈물은 어떠한가요?
시인은 아직껏 그 어떤 눈물도 찾아내지 못했다
그 어떤 눈물에 대하여 잘 알지도 못한다
그래서 하는 얘기인데 우리 부모들은, 나는
특히, 남자는 '눈물을 흘리지 마라' 강요받고
앵무새처럼 조잘거려야만 하나요?

이놈의 자슥, 사내 녀석이 울기는 왜 울어!
눈물만 보면 나는 쓰러지는 패잔병처럼 지쳐버린다
그럼 어떤 눈물은 여자들의 전용물인가요?
물론, 우리 어머니가 강물처럼 흘린 그 어떤 눈물도
그런가요?
아마 감정의 뼈다귀가 흘리는 한 방울 영혼이 아닐까요
샘물일까요, 아니면 우물일까요?

그 어떤 눈물,
상대방을 굴복시키고 동정심을 유발하는 두려움이 인다
저급한 전략적 지원을 얻는 가공한 이론 정도로는
보이지 않는다, 나는 알지 못한다
그 어떤 눈물에 대하여….

천안함

1
두 동이다
두 동강이 미쳤다
365일 헐뜯더니 두 동강난 57년
긴 세월은 내 얼굴에 허비한 화장품이다
덧칠한 세상은 얼어붙어 있고 한반도는 무거웠다
공포는 분노하고 불안은 팽개치고
해괴한 인간들조차 미쳤다
두 동강을 즐기는 구경꾼 말이다

2
구경꾼은 가라
두 동강은 네 소행이다 내 소행이다
삼팔선의 통증이다
아픔에 짓눌림이다
세상은 온통 두 동강
내 몸은 2급 화상이요, 3급 돌림병자다
어깃장에 구속된 자유가 그립다 지금
재생되고 가공된 말과 말 사이에서 두 동강은
사랑해야 하는 철천의 원수다

죽음의 자폐, 방종조차도 두 동강이다
생떼 같은 내 새끼들은 알고 있다
침묵의 살인까지
구경꾼은 가라

3
구멍 난 심장 촘촘히 꿰매 다오
고장 난 방패 충성심으로 만들어다오
갈라진 두 동강을 하나로 용접해다오
흰 국화꽃 무궁화여
연평 앞바다의 슬픈 자화상은 아직도
두 동강이다.

사계의 반란

나는 모기만큼도 정이 없다
입술에 붙은 밥알도 무거워 바짝 엎드린 기력처럼
너를 위한 보신報身은 겨우 복날의 화기火氣이다
모기입이 비틀어지면 화기는 서운할 거다
고약한 부패로 먹이사슬로
무차별 공격하고 썩어가는 우주의 신화야
이해 못하는 서늘한 금기金氣처럼 이것은,
바짝 엎드린 삼복지간三伏之間의 반란이다
입추와 말복의 경계가 허물어진 얇은 벽은
먹이사슬의 부패이다
모기와 인간, 사마귀와 밥알, 강아지와 병아리
바람과 구름, 태양과 달, 하늘과 땅, 산과 사람
먼지 같은 티끌과 티끌 같은 먼지로,
문명의 돌연변이처럼
원시를 무시한 문명은 오만이다
진부한 먹이사슬처럼,
인생의 즐거움은 자연이다
강물은 자연의 젖줄이요
산은 하늘의 기둥이다

3부

팽이

훔치고 싶다

훔치고 싶다
카프카의 동공으로
인간 세상을 훔치고 싶다
내 힘으로는 훔칠 수 없는 그런
모순덩어리를 훔치고 싶다
아무도 몰래 달을 훔쳐내는
고양이 지혜처럼
날카로운 긴 수염으로
관능적인 어머니의 넉넉한 자궁
그 자궁을 훔쳐내고 싶다
그리고 너에게 전하고 싶다
찢긴 우산, 허물어진 우산 사이로 흐르는
레종Raison 앞에
새치름하게 앉아 있는 고양이 눈처럼
초승달이 푸르다
내 힘으로는 훔칠 수 없는 그런
모순덩어리를 훔치고 싶다

깡통처럼 비어 있는 빈말이라도 좋다
너에게 전할 수만 있다면

애우愛雨

하늘과 구름은 모자간이다
지금 금지된 사랑으로 불이 붙었다
구름 자궁에서 잉태한 물방울은 대지를 임신시켰고
대지는 작물의 열매를 낳았다
제우스는 애우愛雨정액을 마구 쏟아놓은
'아이기스라'* 주인이다
직선으로 떨어지는 제우스의 명령은 번쩍했고
투명한 유리창에 미리내알 같은 너
한 생명을 낳았다
잿빛 하늘에 구름 자궁 열리고
파란 하늘은 산고 중이다
대지를 임신시킨 그 자식
찢어진 우산 받들고
마구 떨어지는 정자 알 품었다.

*그리스 신화에 나오는 비를 취급하는 산양가죽으로 만든 방패

기도

단, 이 순간만이라도 기도를 올립니다
없는 것에서 있는 것을 구원하지는 않습니다
잃어버린 것을 찾아달라고 기도하겠습니다
잃어버린 것 헤아려보면 후회스럽습니다
늘 그렇게 살아가고 있습니다
사랑이란 의미를 모릅니다
그래서 사랑이란 말은 기도해서 빼겠습니다
그리고
눈을 감고 기도를 삭제하겠습니다.

다시 눈을 뜨고 기도를 올립니다
혼돈을 잠재워달라고···.
그렇게 기도를 올리고 있지만
나에게는 어울리지 않습니다
다시 말하면 기도를 올릴 염치가 없습니다
기도를 모르기 때문입니다
그래서
나를 기도에서 삭제하겠습니다.

지갑 안에 하루가 있다

지갑 안에 하루를 집어넣고 눈을 떴다
주민등록증 운전면허증 신용카드
그리고 지전 몇 장 이것들,
하루를 사고파는 장사밑천이오
저잣거리 좌판이다
손님 기다리는 오가는 시간
달도 해도 지갑 안에
구겨 넣으면
비릿한 하루살이
채우고 비우고 그렇게 스물네 시간
짧게 길게 지갑 안에 있다

잃어버린 시간 채워진 시간
천천히 하루를 씻어 내리면
지갑 안으로 속을 말리고 태운다
그래도 추우면 옷 걸치고
더우면 알몸 내보이면서
하얀 지갑 검정 지갑 안에
하루를 꺼내놓고 만지작만지작
나를 사고파는 욕심들

짧게 길게 지갑 안에 있다.

팽이

돌고 도는 것
팽이처럼 멈출 때도 있다
멈춘다는 것
움직임의 포착이다
뱅글뱅글 돌아가는 것
팽이처럼 돌다가 고체처럼 멈춘다.

세월은
세상은
잠시 멈췄다가 돌아가는 것,

돌다 멈추는 것은
각운동량이 무거워 뾰족이 내민
내리막, 오르막길.

서랍 정리를 하다가
잊어버린 팽이를 꺼내
안부를 물었다
돌고 도는 것, 돌다 멈추는 것.

못난 아비

횟수로 몇 년째
짧게 길게 쉬엄쉬엄 암 투병 중인 아들이
서럽다 못해 콧구멍으로 울고 있다
스물여덟 번째 생일날
별안간 천둥번개가 치고 가슴에 벼락이 떨어졌다며
슬퍼하는 것이다
결국, 신용카드사용명세서가 아들 생일을 망쳐놓았다.
불난 집에 부채질하는 찜통더위
망가진 생일케이크에 앙증맞은 촛불을 켠다.
견딜 수 없는 사랑, 칼날 같은 미움
촛불에 활활 타오르고 애증이 비틀거린다.
몇 년 전 집 떠난 아들 녀석 등에
못질하다가 상처를 냈다
깊게 박힌 상처는 인연처럼 끈질기다
등에 무거운 상처를 짊어진 아들 녀석
야윈 발걸음으로 빗방울을 맞으며 집으로 돌아왔다
눈가엔 눈물 뼈가지가 보이는 듯 빗방울이 흥건하다
요즈음 아들 녀석 보기가 서럽고 억울해서 나는,
견뎌낼 수가 없다 미안하다, 미안하다
다리 밑에서 맺은 인연 서로서로 나를 거부한다.

너 그림자

어둠만 비껴 친해지면 나는 너 그림자

의식과 무의식의 경계에서 그 복제 눈을 보았다
너 안에 낯선 살점들 동공이 조용하다
고통과 억압에서 고민하는 열등한 인격아,
너 마님을 경호하는 너 같은 마당쇠인
나 같은 윤곽이면
내가 알고 있는 건 내 경계에서 가장 가까이에 있는 너다
나는 나를 너 원형에서 찾고자 한다
모든 중생이 부처다 라는 배척
애매한 부문까지도
밤과 낮이 꾸며낸 이상한 궁합 같은 것까지도
너, 융이 꾸며낸 침묵의 부조리이다
너 항상 구속된 자유이지만
새처럼 훨훨 옥상까지 날아올라 나를 포옹하고 싶어 한다
하지만, 나는 부재이다
누가 거기다 너 그림자를 박아놓았을까?
충견처럼 경호하는 너, 내 가면 같은 너
감정이 고갈된 냉정한 평등과 모노드라마 주인공인 너는
두려움의 대상이 아니라

너 빛의 아내요 살갗이다
내가 가장 싫어하는 너

어둠만 비껴 친해지면 나는 너 그림자

이상한 봄눈[春雪]

하늘땅 중간지대 허공에 보석 같은 물방울들
은빛 날갯짓으로 먼지를 털어내고 있다.

봄눈[春雪] 녹인 미리내의 하얀 웃음
피지도 않은 매화梅花꽃만 읊조릴까
알다가도 모르는 일
봄눈은 찬밥 더운밥 같은 도래샘 부스러기
땅덩어리가 부서지고 먼지가 난분분하니
'지구를 떠날까 말까' 라는 나중 일,
낡은 웃음에 부드러운 먼지 하나 이화梨花처럼 피어있다.
옹기종기 모여 별이 되고 달이 되어
우주가 되는 것은
부드럽고 단단한 먼지들이다.

가을편지

한 잔 생각에
전화하고 싶지만
차마, 연락할 수가 없었다
날 외면하면 어쩌나
내 가슴에
불 지피면 어쩌나
내 입술에 퐁당 빠지면 어쩌나
붉게 우는 고독 내 앞에 두고
한 잔 마시고 싶었다
술잔에 퐁당 빠지면 어쩌나
알몸 드러나면 어쩌나
그래서 차마, 연락할 수가 없었다

한여름 땡볕이 질투하고
늦겨울 찬바람이 오해하고
봄날 아지랑이
날 찾아와 낙엽처럼 떠나가는
오솔길의 바람처럼
너에게 가을 편지를 쓰고 싶다
수취인 없는 편지를
나뭇잎 우체통에 넣었다

기다림의 백미

귀한 손님이 오신다기에 맨발로 뛰어나갔다
눈비비고 기다리며 감나무를 올려다봤다
나뭇가지에 매달린 홍조는 애가 타오르는지
안절부절 붉게 떨어질 것만 같다 그 옆에 까치 한 마리
누구를 기다리는지 사방을 살피고 있다
그것은, 남몰래 사알짝 왔다 갔는지도 모르겠다
바람에 물어봐도 구름에 물어봐도 대답이 없다

귀한 손님 오신다기에 눈으로 사립문을 뚫었다
해 뜨고 달이 지고 땅거미 찾아와
무서리가 내린 초겨울 가느다란 실눈으로
내 임 기다리는 백미
삶에 지친 비릿한 웃음들, 흩어지는 언어들
한 잔에 취하며
그래도 세월 자락에 시간처럼 붙어산다.

동행同行

오늘부터 아버지 할래?
아들아,
아버지라고 불러줄래?
아들아!

늙은 아이가 젊은 아버지에게 여쭈었다
아버지는 말이 없다
고향에도 줄 서야 갈 수 있다고
어찌하여 새치기만 생각하니? 아들아
늙은 아이를 아프게 하니? 어비야
어차피 한 번 가야 하는 운명이라면
말리지는 못한다만, 재촉하지는 마세요.
쉬엄쉬엄 쉬었다가 천천히 가거라!

오늘부터 아버지 할래?
아들아
아버지라고 불러줄래?
아들아!

소풍 나온 늙은 아이와 젊은 아버지는
소곤소곤 고향이야기를 나누고 있다.

겨울 집

하늘 지붕 아래
넓적하게 뽑아 올린 우산 속
그 안에 하얀 겨울이 수북하다
내가 걸어온 발자국조차 하얗게 얼어붙어
사립문 바람구멍 사이로 눈처럼 포근한
내 안의 그림자
어머니처럼 빠끔히 내다볼 것만 같다
겨울은 우리더러 두텁게 입으라 하고
하얗게 지우라 한다
집에 두고 온 기억의 저편
부모형제, 정까지 성벽에 가두어놓고
그 집은 우두커니 골짜기 밑에
흰 포대기에 쌓여 있다
방바닥에까지 내려뜨려져 일렁이는 성벽은
바람을 온통 그림자로 가두어 놓았고
죽음까지 걷게 하였다
아버지와 어머니를 가두어 놓은 집
남동생을 가두어놓은 집
형님을 호출하고 나를 유혹하는 집
겨울 집은 우리 죽음의 환기였다

나이 많은 겨울이 코끝에 다가올 때
나는 비밀스러운 음침한 겨울 집을 꿈꾼다는
연기를 흘리며 하늘로 올라간 겨울 집은
구름에 뒤섞인 바람의 거소였다
이윽고 지웠네 하얗게.

생각의 그림자

 쭈뼛쭈뼛 얼꼴*에 헛것[假相]은 온종일 미망의 늪에서
 허우적거리는 생각의 그림자일 뿐
 손에 쥐면 찰나, 펴놓으면 실상 두루두루 모였네!
 베토벤의 천 리는 시체가 아닌 듯 우주의 무궁한 원소
 물질은 마음의 그림자
 그림자는 주마등에 달리는 말[馬]의 유체, 영체와 닮았다
 미迷한 생각에 그려진 마음의 그림자, 상념의 그림자, 신념의 그림자
 한바탕, 너와 나를 쫓아 여기까지 왔네.
 그림자를 좋아하는 것은 그림자의 형상처럼 자유로워 보일 뿐
 물질은 다만 생각의 그림자, 그림자는 미망迷妄의 일렁임
 미망의 일렁임은 영가의 페르소나 노래였다
 심원사 대웅전에 마음의 그림자가 웅크리고 앉아 있었다
 나는 내 그림자의 얼꼴을 잃어버린 적도 많았지만 오늘따라
 지장보살의 그림자 안에 나의 미迷한 생각[妄想]을 끄집어내어
 그 안으로 홀연히 걸어가면 영가들의 노랫소리 들려온다
 '나쁜 것은 없어져 가고, 좋은 일은 반드시 오고 있다'
 아들 얼꼴에 미망의 그림자

야멸차게 가증스러워…,

쭈뼛쭈뼛 얼꼴에 헛것[假相]은 온종일 미망의 늪에서
허우적거리는 일렁임.

외상값

마악 결혼한 신혼 초
사랑은 달콤하고 몸은 가난했다
돈이 돈인 줄 잘 몰랐고 그저 말일세,
육군 대위 박봉에 월 일만 오천 원짜리
단칸방 구공탄만큼은 따뜻한 부자였다

어느 날
눈에 익은 편지 한 장
낡은 자전거 페달에 매달려
화를 내며 달려왔다
"이놈아! 빌려 간 내 돈 30만 원 갚으라."
"아부지요, 불알 두 쪽밖에 없는데요."
"쪼매만 봐 주이소"

내 외상값은 불쌍하다
아부지의 거금 30만 원뿐만 아니다
어무이에게 진 빚 태산 같다
이웃, 친구 동식물에 진 빚들
영혼까지 팔아도 갚지 못한다
아무래도 목에 가시처럼 걸리는 것은

아들에게 대못질한 말[言]빚이다

요즈음
아내와 아들에게 진 말빚을 외상 장부에 긋고 있다
말빚이 눈덩이처럼 불어난다
이놈아! 외상값 갚고 가거라
유쾌하지 않은 자폐적인
달콤한 내 은유는 외상값이 전부다

상갓집 풍경

1
텔레비전 9시 뉴스가 끝날 무렵
형광등 불빛은 앙증맞은 비명을 볶아댄다
이빨은 맵고 아리다, 옹색하게 응시하는 초점
바늘보다 아프다, 아픈 것은 정지된 시곗바늘
찻잔 속에 고요는 주검의 그림자.

2
주검은 세월처럼 기다려주지를 않는다
사고를 친다
일렬횡대로 늘어선 낯선 조화弔花들
왕십리 빗방울은 세상만큼이나 사납게 변했다
빗방울이 주검을 데려간 곳은 염라대왕 면전이었다
죽음은 장맛비처럼 떨어질 이유는 없다
문상객들은 상주에게 할 말을 아끼며
엉거주춤 말을 내려놓는다.

주검은 돼지고기
죽음은 일회용 젓가락 같은 찰나

3
좁은 액자 속에 영면永眠 하나
상가喪家견적을 뽑아낸다
상주는 무게를 저울에 달고 망자는 명성을 줄자로 잰다
왁자지껄하며 엉거주춤 엎드린 문상객들
주검을 찍어본다.
주검에 취해버린 구두들
구겨진 얼굴로 비틀비틀 삼·팔·광光 땡,
검정양복 검정 넥타이, 이별의 삼·팔·광光은
이미 사라지고,

쌀밥

나는 쌀밥이다
쌀밥은 조상이다
조상은 나다
지푸라기 잡은 갸륵함으로
나는 밥상에 올랐다
나는 개미 같은 키에 몸무게가 0.2g이며 물을 먹고
햇볕을 먹고 비바람을 덮고 사는 흰 생명체이다
부모님은 '쌀밥에 고깃국'이 소원이었고
쫄깃쫄깃하고 쫀득한 자식새끼 얼굴에
윤기가 자르르 흐르는데도 서러웠다

단군께 여쭈노라
농자천하지대본農者天下之大本이 아직 유효하시냐고?
잠시 홀대로 봐도 될 건지요?
쌀밥은 밥상의 주인이다
나는 내 밥그릇 안에 있다

4부 ····· 수유하지요

겨울 그물

끼워 팔 수만 있다면
새벽부터 밤 끝까지 따라가겠네.
팔랑거리는 골목길을 통과하며
지하철 선반 위에 걸쳐 앉고
대로에 나뒹구는 무가지들
남대문 저잣거리 오갈 데 없는 '땡' 처리처럼
서울역 화장실 노숙자에게 팔려가고 싶다
지금, 무가지에서 벗어날 수만 있다면
주민등록증에 나를 끼워 사기꾼에게 팔려가고 싶다
너저분하게 구겨진 자유마저 구속하고 싶다
말들과 눈들이 유폐된 무가지 안에
깨알 같은 활자처럼 오롯하게 팔려가고 싶다
칼바람이 알몸으로 나를 부둥켜안고
어둠에 의지할 때
그림자는 거미가 되어 겨울 그물을 쳐놓았다
그물에 가두어진 무가지 한 장
따뜻하게 팔리기만 한다면
새벽부터 밤 끝까지 따라가겠다.

수유역사거리의 밤

오늘도 수유역 뒷골목에 어둠이 내리지 않았더라면
양심은 질식하여 구두창에 밟혀 죽고 말았을 거다
사람들은 어둠이 내리자 다른 길을 기다린 듯
양심을 헐값에 사고팔고 내팽개쳤다
모텔 뒷문은 비밀스럽게 벌어져 있고
밀봉된 웃음과 땡땡한 엉덩이의 조합
쫄깃하게 붙이는 빵빵한 욕망의 눈동자
탁, 하고 구두창에 채인 담배꽁초와 껌
버려진 군상을 닮았다
퉤~ 하고 뱉어진 가래침은 검정 입술을 닮았다
폐수처럼 콸콸 쏟아지는 질곡과 어둠 속에
나이 든 할아버지 할머니, 아버지 어머니, 오빠 누나, 동생
아저씨 아주머니, 애완견, 대형버스, 자가용조차 쏟아져 나온다
콘크리트 건물도 좋아한다
버려지는 것들을 눈감아주기 위해서다
네온사인도 좋아한다
어둠에 충실하고 쌓이는 걱정에서다
사는 날까지 나를 우러러 한 점 찔림이 없기를 갈망해보지만
저 어둠 속에서 베이고 베인 양심의 칼날, 어둠처럼 아프다

스멀거리는 하찮은 것도 제자리가 아니면 불편하듯
소름 돋은 아침이 밝아왔다
그들은 다시 어둠을 기다리며 뽀얗게 화장을 한다.

망가지는 것들에 대한 생각

삐꺽삐꺽, 딸각딸각
마디 꺾이는 소리가 손가락 끄트머리에서 난다
뼈마디는 굳은살처럼 딱딱하다
자세히 들여다보니 내 나이테를 닮은 나잇살
단단하게 조립된 뼈의 반란은 오래전부터 자라나고 있었다
세월은 물캉한 병장기로 목뼈를 꺾고 있다
떨그럭 떨그럭 뼈마디 꺾이는 소리가 몸 안으로 들일 수 있다
까맣게 유입된 얇은 비명은
손가락까지 내려와 딱딱한 각질을 만들어 놓았다.

내 몸의 뼈들도 이제야 덮개가 버거워
몸속 가득한 굴 속에서 비좁은 자리를 잡으리라
말랑말랑한 연골이 망가지자
겨우 몸은 내게 자리를 내미는 것이리라
간간이 흘러나오는 뼈마디 꺾이는 소리는 찌릿찌릿
고통의 전율에 감전되면 아픈 것들은 아름답게 익어간다
나는 나의 아픔으로부터 잊히기 위해 조립된 시간을 뜯어낸다.

물리치료실에서 뼈마디를 꺾고 있을 때

또, 반란이 시작되었다
망가지는 것들은 각질을 뚫고 뼈마디를 꺾고 있다
나는 유입된 어긋난 뼈마디를 조금씩 몸속에까지
내려놓는다.

망가지는 것들에 날카로운 그림자가 드리우면
딸각딸각 뼈마디 꺾이는 소리가 들린다
삐꺽빼깍 덮개의 옴츠림에
뼈마디는 생선가시처럼 일어난다.

수유하지요

링거병에 바늘꽃
탯줄 타고 방울방울 수유하지요
방울방울 수유하지요
방울방울 수유하지요….
하늘과 땅, 저렇게 푸르고 정갈한데
동화 속에 잠자는 공주처럼
검은색 잠에 빠진 내 아들은
어머니가 그랬던 것처럼
아내가 그랬던 것처럼
그 자궁 안에서 방울방울 수유하지요
자궁 안팎으로
빛과 그림자 빛깔로 두 개의 얼굴은
희고 노랗고, 붉고 검다
이윽고 탯줄이 붙은
기저귀는 방울방울 수유하지요
바깥 모퉁이에 바늘꽃 무리
옹기종기 모여앉아
이별과 환희를 노래하는데
아버지와 아들은
꼼실꼼실 타오르는 숨을 주고받으며

방울방울 수유하지요
링거병에 바늘꽃
탯줄 타고 방울방울 수유하지요
방울방울 수유하지요
방울방울 수유하지요….

티타늄물고기

파란 장미꽃
숨어 보인다 물고기 몇 마리
기다림으로 헤엄치고
무지갯빛 그물에 달빛 걸렸네
무슨 인연 있기에
저마다 소리로 헤엄치고 있나!
지느러미 그리움 한 타래
산호 숲 물길로 느린 세상 기다린다.

숲 그림자 움직인다
하늘을 닮고 땅을 닮고
사람을 닮은 물고기 몇 마리
눈알은 보름달을 닮았다
헤엄치는 그리움 하나
헤엄친다 그리움으로,

아침이 깨다

톡톡, 톡, 어둠의 질투처럼
아침이 깨지다 이유도 없이
창틈으로 스며드는 햇살처럼
불끈 일어나라 잠 부족한 눈꺼풀아
거슴츠레, 어슴푸레 뒤적거리는 이불아
응석 부리지 말고 일어나 문 열어라
쏟아지는 시간을 위하여
소란스러운 하루를 위하여
꿀벌처럼 문 열어라
상쾌하게 문 열어라
초대받은 하루를 위하여
문지방이 바쁘고 구두끈이 바쁘다
이 시각

똥에 대하여

똥 이야기기가 나올라치면 구박받기 십상이다
나는 똥이요 똥은 나다 똥이 밥이요 밥이 똥이다
똥은 내 집이다

똥 버무려 먹는 재미로 하루가 즐겁다
맨날 똥을 흠모한다, 염치없이
그릇 안에 샘을 팠다
아내 자궁만큼 팠다
그리고는 똥을 퍼 먹는다
날름날름 꿀꺽꿀꺽, 꼴깍꼴깍 벌컥벌컥
빛깔 좋은 곰삭은 똥
달콤함이 구순 안에 유입될 때
구불구불한 창자를 통과하고
어둠 안에서 달이 뜨고
움직이는 인육人肉인 것, 인생의 종착역인 것
콧구멍을 벌름거리는 것 탱탱하게 컹컹대는 것
봉곳한 '못똥'인 것
똥이 그리운 걔들일지라도
배냇저고리에 유입된 구순의 생명까지
걔들은 철저하게 버려지는 똥의 비밀을 알지 못한다

내 몸과 이별하는 똥 밥의 그 변명 말이다

향미香味 걔들,
똥 밥과 마주하면 세상이 온통 시원하다
황금 들판에 오롯한 생명처럼
내 고깃덩어리 살점인 것들
몸속 구석구석을 헤집고 다니면서 가려운데 긁어주고
꺼무데데한데 매만져주는 더한 생의 증거물인 삶의 즐거움이
아랫목처럼 뜨끈뜨끈하다
내게서 떨어져 나가는 구속된 분리는 생명의 자유처럼
내 의지와는 무관하게 배제된 이것 생명의 결영缺盈이다
나는 이미 배내똥에 구속되었었고 구애적 성격에 분리되어
똥 한 펌 남겨두고 생의 구족이다
똥이 세상 밖으로 나올 때
흙과 바람, 하늘과 비, 짐승의 밤낮으로 섞은 흐뭇한 표정들
살코기가 되고 양념이 되고 먼지가 되지만
내 몸 안팎에 머물다 간 나는
이미 곰삭아버린 맛깔스러운 씨앗이다

버무린 달

아깝다 혼자서는
쟁반 위에 버무려 모아놓은 가난한 풍요로움
뜨다 놓은 밥알들
보름달을 닮았다

느지막한 주말 아침
엥겔지수란 이름으로
압축된 밥알 시詩가 숨어 있다
그 안에 탱탱한 보름달
허기진 보름달
하나씩 아삭아삭 베어 먹으면
달빛이 향기롭고 쫄깃쫄깃하다

어머니 자궁에서 보름달이 뜨다
쟁반 위에 뜨다 놓은 버무린 밥알들
상상하면 굶주린 희망처럼 참기름냄새 자르르하다
버무린 밥알들 보름달 미소 같았지
은은하고 동그란 미소,

바람꽃과 연애하는 씨눈

흐린 날 오후
바람꽃을 보았습니다.

도시의 소연 속에서도 바람꽃은
아파트 모퉁이 사이를 지나치고 있었습니다
그리고 징검다리를 건너 아파트 화단까지 와서는
두리번두리번 망을 보다가
목련 나뭇가지에 살포시 내려앉았습니다
나는 그때 바람꽃의 순한 눈을 보았습니다
희뿌연 씨눈에 바람꽃의 입술이 사알짝 포개지는 것을
보았습니다
난해하지도 않은 부럽기까지 한,
바람꽃과 씨눈의 연애는 천생연분이었습니다.
어디선가 보드라운 음악이 새록새록 들려옵니다
스쳐 지나가는 바람꽃의 미소였습니다.

흐린 날 오후
바람꽃과 연애하는 씨눈을 보았습니다
많이 부러웠습니다.

벽

내 안에 경계가 소홀한 벽이 있다
그 벽은 검고 희다
검고 흰 것은 가볍고 단단하다
벽은 어둡지도 밝지도 않다
그렇다고 잿빛 모래성도 아니다
공간과 공간 사이에 작용하는
벽은 열려 있고 닫혀 있다
무던한 경계를 쌓아올린 벽은
'모순'이란 단어처럼 분리될 수 없는 실재이다
안아주고 애무하면
사랑처럼 살살 녹아내리듯 예쁜 것 벽,
질투하고 미워하면
부글부글 들끓듯이 넘쳐버리는 벽,
그 비밀은 모순이다
이쪽저쪽을 갈라놓을 수밖에 없는 변명들
이미 내가 모르는 고백告白이다
견고한 벽면에 우람한 남근을 그린다면
너는 주체할 수 없는 욕정의 대상이리라
나와 널 위한 사랑의 대상으로
벽 너머에 대한 상상까지 차단할 수 없는

공공성의 매개를 허물고자
벽은 벽이 존재할 수밖에 없었던 진경$_{眞境}$이다.

*벽 : 때를 허물은 상징물

진경眞境

거울 같은 야비한 물건을 애지중지한다는 것은 컴퓨터를 애지중지愛之重之하는 것과 같은 우스꽝스러운 짓거리다. 남을 탓하는 것은 기氣가 빠져나가는 바보 같은 소리이다. 특히 여자가 손거울을 숨기고 진경을 염탐하기 좋아한다. 컴퓨터에 목숨 걸고 하루를 축내고 나면 목뼈가 삐걱거리고 눈동자는 핏발로 불안정하다. 그래서 진경眞景으로 볼 수 없다. 진경은 사무실 입구 안쪽, 안방 화장대, 화장실 벽, 심지어 엘리베이터 안까지 염탐하고 장난질을 해대지만 어둠 속에 진경은 보이지 않기에 야비한 물건이라 한다. 또한, 컴퓨터는 성형한 IT의 조합이라 야비한 물건이다. 다른 사람은 몰라도 나는 그렇다는 거다. 진경과 진경은 별개인데, 진경은 진부한 수필 관상이고, 진경眞境은 성근 발에 찾아오는 밤 소리 같은 시상詩想이다.

김씨네 고물상

만가대에서 좌회전, 그 첫 번째 신호등에서 또 한 번 좌회전, 그리고 60초쯤 뛰다가 우로 돌아서면 좌측에 김씨네 고물상이 보인다. 고물상의 아침에 멸치 같은 웃음으로 말랑말랑한 아침을 연다. 김씨는 1980년도에 어떤 여자와 동업하다가 고물상에 상머슴이 되었다. 고물상 모퉁이에는 찌그러진 개밥그릇 같은 앙증맞은 양은냄비 두 개, 주둥이가 깨진 심플해진 힙합 음악 한 다발, 후줄근한 초인종을 딩동, 딩동, 클릭한다.

김씨네 고물상, 고물 같은 고물은 즐거운 놀이터.

고물상 모퉁이에는 찌그러진 개밥그릇 같은 앙증맞은 양은냄비 두 개, 주둥이가 깨진 심플해진 힙합 음악 한 다발 뱀처럼 꼬리가 길다. 자그똥자그똥 헝클어진 김씨네 고물상은 구성진 쪽문으로 바람 같은 하루를 사고판다. 여기에 깨질수록 단단한 몰입은 딩동, 딩동 농익어간다. 김씨네 고물상에 비릿한 사람 냄새가 난다.

좌·우 경계

하루라는 이름은 시간에 관한 한 소상히 꿰뚫고 있어 위계질서가 꼭 필요한 건 아니다. 아버지는 하루를 걷는 데 반나절이나 걸리지 않습니다. 나는 하루를 걷는 데 한 시간이 채 걸리지 않아요. 아들은 하루를 걷는 데 육십 초나 걸리지 않아. 아버지의 베틀다리는 설핏설핏 +/- 인생 허용오차이고요. 나의 징검다리는 총총걸음 +/- 인생 허용오차입니다. 아들의 게움 다리는 그냥 바쁠 뿐, 인생허용 공차를 적용하기란 아직 일러요.

묘·숙 妙·叔
아침에 눈 뜨면 하루를 사고파는 단단하고 가벼운 24시時, 사람에게 전하는 말은 째깍째깍·째깍째깍, 좌·우 벽을 돌아보지 않고 수평으로만 마구 돌고 있다는 것, 눈 달린 숫자만 보면 하루의 위계질서를 알아요. 시곗바늘은 생사生死를 가늠하는 올가미 같은 과거·현재·미래를 나누어주는 젓가락 같은 서비스입니다.

시계 불알만 쳐다보면 길섶을 정점으로 이데올로기가 나타나 험상궂은 얼굴이 보인다. 따발총이 보이고 M1소총이 보인다. K-마르크스도 T.홉스도 보인다. 망가진 소련제 T-6

탱크가 죽어있고 미제 바주카포는 살아 있다 시계 불알만 보면 시곗바늘소리가 째깍째깍 들려온다. 시계 불알은 네 편 내 편을 가르지 않고 좌·우를 오가며 분배와 성장을 공평하게 보듬는다. 시계 불알은 좌·우가 모두 하나같다. 하지만, 시계 불알만 보면 화가 난다.

비[雨]에 대하여

비[雨]는 1차 관념적 감정의 폭발이요
소리의 아픔이다
비는 구름의 아들이요, 생명의 은인이다
빛바랜 기억처럼 비는
후드득후드득, 쏴쏴, 주룩주룩, 첨벙첨벙!
비는 앙증맞다 그 이름하여 여우비
비는 잔인하다 그 이름하여 폭풍의 언덕
폭풍의 언덕은 색조의 왕이다
검정도 빨강도 파랑도 모두 죽었다
잿빛에 태양이 파묻히고 날개가 파묻히고
기억이 재생되는 순간
낡은 기억은 촉촉하다
잊히는 그리움 하나, 얼굴과 얼굴들
영혼과 그림자가 은류처럼 희미하다
찢어진 우산은 부러진 구름의 날개다
비 내리는 날은 새들이 날지 않는다
햇빛조차 구부릴 수 없다
애매해서 날개는 접었다는 물새
세상은 온통 우울증을 앓고 있다
우울증에 질식한 나는 빗속을 방황한다

비는 그리움이다
그리움은 이별이다
이별은 눈물이다
부용천이 범람하고
탑석사거리에 토우가 흘러내린다
우르르 쾅, 번쩍번쩍! 꼬불꼬불 어지럽다
그래도 비는 씨앗의 범람이다.

시린 상처

구이 팬에 장어 한 마리
굽히다 못해 실밥처럼 터졌다
상처만큼 더해가는 질긴 인연으로
꿰맨 생에 덧날 때 켕기는 것은
창상創傷에 파문이다
파문이 번질 때 부풀어 올랐다가
가라앉는 불안, 염병처럼 무섭다
받을수록 짓무르고 줄수록 허물어지는
깊어만 가는 다친 것들이
세 치 혀처럼 아리다

장어를 씹다가 세 치 혀를 베었다
붉은 인연까지 베어버린
초라한 몰골이 아프다 못해 아파서 시렸다
복숭아 씨앗 같은 딱딱함을 치유할 수 있는
금 간 씨앗에 한 방울 눈물이라도
심을 수 있나
어두운 강물에 시린 만삭이 차오를 때까지
상처의 노래는 부르지 않으리라
고약한 성숙함을 위하여

남루한 너의 확장을 위하여
홍어와 막걸리 같은 삭은 상처에 고하며,

어떤 갈등에 대하여

아들이 뜨건 커피 향에 손가락을 베었다
커피의 얇은 껍질, 매정한 향기, 케케묵은 냄새
달콤한 미소까지
싫어지는 내 자각들의 뒤범벅이다
나의 갈비뼈는 문드러지고
눈은 움푹 패고 가슴은 멍이 들었다
위장은 비어 있고 불알은 축 늘어졌다
불처럼 번득이는 경멸의 눈에서는
독기가 살모사의 대가리처럼 굴렀다
허구한 날 나는 오직 한 점 바람처럼 굴러야 하리
내 속에 나는 머나먼 유령처럼 나타났다
그림자처럼 사라지는 유령이다
벌거벗은 허울 좋은 간판을 내릴까 말까
생떼 같은 내 꿈을 접을까 말까
아들이 딱딱한 빵을 굽다가 손가락을 데었다
환상적인 과거의 꿈, 미래의 꿈, 찬바람에 불어 트는 나는
지금 에어컨 바람에 왈칵 데었다
나는 천일(1,001)의 갈대처럼 토라졌다

해바라기의 변명

시방 나는 미친 태양이다
황금빛이 유난히 예리하게 보이는 것은
태양을 사모하기 때문이다
시원한 땡볕이 그립다
팔월의 아침은 강인하다
사막에 뿌리 내린 선인장처럼
보도블록 틈새에서 탈골된 생명처럼
태양은 황금빛 꽃을 피운다
변절한 배반은 해바라기라는 이름일 뿐
강인함은 못되리라
녹색의 정원에 태양이 눈부시다
황금빛으로 세공한 고흐의 해바라기가
벽에 붙어 우리 가족 이야기를 엿듣고 있다
아들 비장에도 해바라기의 꽃씨가 피어나고
이글거리는 태양빛으로 또다시 황금빛을 심어다오
파란 하늘 사이로 노을이 보이거든
우리는 땡볕 한 줌 호주머니에 넣고서
해바라기가 피어 있는 잉카제국으로 달려가리라
너의 확장된 기다림을 위하여

| 시인이 쓴 평론 |

기형도 작품에 나타나는 그로테스크 리얼리즘 미학

김형출

I. 머리말

기형도 시집을 펼칠 때마다 원망, 책망, 절망 그리고 죽음이 떠올라 마음이 착잡하다. 그의 유일한 유고시집 『입속의 검은 잎』은 시제에서부터 죽음이 다가오고 있다. 또한 죽은 시인들의 사회에 등장하는 불운의 시인들(김민부, 임홍재, 송유하, 김용직, 김만옥, 이경록, 박석수, 원희석)의 죽음이 떠오른다. 생은 죽음 앞에 자유롭지 못하고 염라대왕은 순번 없이 생을 데리고 간다. 어떤 종교에서는 죽음을 부활이라고도 하고, 영혼불멸이라고도 한다. 또한, 죽음은 문학의 주제로서 모든 문학인들의 연구대상이기도 하다. 모든 생명 있는 것은 '빈손으로 왔다가 빈손으로 돌아가는 것이 죽음이다.' 라고 규정하고 싶다.

 부정하고 싶지만 부정할 수 없는 것이 죽음이다. 젊은 천재 시인 한 사람이 또 세상을 떴다. 염라대왕도 무심하시지, 순서대로 데리고 가면 어디가 아프냐? 그도 시대에 따라 눈치 살피며 데려가는 데 서열을 파괴하다니 너무하시다. 나는 언제나 죽음에 대한 상념에 여기서 멈칫한다. 기형도는 서른을 채 못 채우고 삶을 마감했다. 그는 시단에서 활동한, 시간적으로는 4년이 조금 넘고, 양적으로는 시집 한 권 분량의 삶 속에 독창적이면서도 강한 이미지를 남겼다. 그의 시가 죽음을 보여주었다면 그 죽음, 시인의 삶과 죽음은 자율적인 어떤 가상적 구성물 속의 죽음이라는 텍스트를 염두에 두어야 한다. 90년대의 기형도가 아니라 2000년대의 기형도의 시세계를 조명하기 위해서는 기형도의 전기적 그림자를 그의 시에서 벗겨내 그의 실제 죽음에 대한 관념으로부터 벗어나는 것이 선행되어야 한다. 시인의 죽음에 대한 가상적인 텍스트에 죽음이란 의미를 부여하는 것이 기형도 시세계를 이해하는 데 중요한 포인트가 될 것 같다.

 시인 기형도는 1960년 경기도 연평에서 출생하여 연세대학

교 정외과를 졸업하고 84년도에 중앙일보사에 입사하여 정치부, 문화부, 편집부에서 근무했다. 85년 동아일보 신춘문예에 시 「안개」가 당선되어 문단에 등단한 그는 이후 독창적이면서 개성 강한 시들을 발표했으며 1989년 3월 종로2가 파고다 극장에서 숨진 채 발견되었다. 처음이자 마지막이 된 이 시집에서 기형도 시인은 일상 속에 내재하는 폭압과 공포 심리구조를 추억의 형식을 통해 독특하게 표현하고 있다. 그의 시집 『입속의 검은 잎』이라는 제목부터가 죽음이 다가오고 있다는 암시가 심상치 않았고, 무엇보다 나의 시선을 끌던 「詩作메모」는 잊을 수 없는 충격으로 다가왔다. 하지만 시인에게 죽음이란 죽음이 아닌 영원의 화신일 수도 있다. 그는 생전에도 자신의 이력을 짧게 썼는데 그만큼 짧은 생을 보냈다. 죽음으로 인해 유명해진 시인, 불운의 시인이 기형도이다. 요절이란 물리적 죽음과 의식의 죽음이 한 꼭짓점에서 만나 불꽃처럼 타오르다 소멸해 간 흔적이라는 것. 그 속에 시인 기형도는 아직 죽지 않았다.

기형도는 요절한 전도 유망한 시인으로 세인들의 관심을 끌었다. 그해 5월 『입속의 검은 잎』이 출간되었다. 1990년 3월에 산문집 『짧은 여행의 기록』이 출간되었으며 1994년 2월에 그의 미발표 시와 추모시가 실린 『사랑을 읽고 나는 쓰네』가 출간되었다. 그가 시단에서 활동한 기간은 불과 4년 남짓, 양적으로는 시집 한 권 분량에 불과한 삶 속에서 "독창적이면서 강한 개성"이란 말을 붙일 수 있는 근거는 무엇일까, 그 이유는 자신만이 가지는 독특한 시세계가 병든 낭만주의의 무책임한 빈정

거림일지도 모른다는 생각 때문이었다. 그의 온몸을 통과했을 시대의 다른 목소리들은 그처럼 자기 파괴적이지 않았다. 절망은 희망을 일으키는 큰 힘이었고, 슬픔도 힘이 되는 시기였기 때문이다. 시인은 어떤 뜻밖의 사건, 안팎의 어떤 말썽을 통해 인간 속으로 깨어남을 알려 주었다.

  워즈워드는 '시란 고요 속에서 회상해 낸 감정이다.' 라고 말하고 있다. 결국, 기형도는 고요 속에서 죽음이란 풍경을 그려냈다. 기형도가 생존했을 당시에 많은 비평가들에게 내면적이고 비의적이며 무화적인 독특한 색채의 시인으로 평가는 받았었지만, 나는 여기서 기형도가 생전에 바라보았던 80년대의 시 대상에 관한 연구를 하고자 한다. 짧은 생애를 살다간 한 천재적인 시인의 죽음에 관한 새로운 발견이 될 수 있을 것이며, 혹은 진부한 궤변에 지나지 않을 수도 있을 것이다. 그의 작품만으로 그의 시세계를 평가한다는 것은 무모한 일이다. 기형도에 관한 평가는 그의 사후에 더 많이 행해졌다. 김현이나 유종호와 같은 문학평론가는 물론 그의 시에 매료된 많은 문학도와 독자 그리고 평론가들이 그의 작품들을 평가하고 해석했다. 그러나 대부분이 그의 작품론에 국한되어 있다는 점은 안타까운 일이다. 진정한 평가는 작품론, 작가론 그리고 독자론의 관점에서 종합적인 평가가 요구된다. 기형도는 분명 시인이지만 그는 자신의 독특한 시각으로 소설과 수필은 물론 다른 작가들의 작품 평까지 내놓았다.

기형도의 기존 평론들[1]은 한결같이 그의 그로테스크한 세계관과 불길한 그러면서도 긴장감이 있는 시어들에 관해 이야기한다. '그의 시는 이전에 사회변혁을 지향하면서 민중해방을 구가한 시들이 오히려 낭만주의적인 환상으로 비칠 만큼 현실을 철저히 부정적이고 고통적인 시각으로 들여다보는 특성이 있다.'라고 김현[2]은 밝히고 있다. 그의 삶은 짧게 끝났지만 그의 시세계는 지금도 대단한 반향을 불러일으키고 있으며 그에 대한 연구와 탐구는 계속 진행되고 있다.

　그 대표적인 평론가는 김현일 것이다. 그는 기형도의 시를 공격적인 허무감, 허무적 공격성과 부재한 현존, 현존하는 부재가 들어있는 '그로테스크 리얼리즘'이라고 이름을 붙였다. 그리고 그의 시가 그로테스크(무덤같이 어둡고 음침한)한 것은 괴이한 이미지들 속에, 밖에, 뒤에, 밑에 타인들과 소통할 수 없어져 자신 속에서 임종처럼 자라나는 죽음을 바라보는 자신과 공간에 갇힌 자의 비극적 모습이 마치 무덤 속의 시체처럼 뚜렷하게 드러난다고 말했다.
　나는 본 논문에서 그의 죽음에 다가가는 허무주의 시세계가 현실에 대해 왜 그렇게 공격적이고 비판적인 모습을 보였는가 하는 점과 부재한 이미지 확장의 몇 작품을 통해 그의 죽음의

---

1) ① 김현의 '그로테스크 리얼리즘'(비극의 세계인식), ② 김훈의 '비극적 삶에 대한 냉엄한 인식' ③ 장석주의 '내면화된 비판주의' ④ 성민엽의 '부정성의 언어' ⑤ 박철화의 '집 없는 자의 길찾기.
2) 전 서울대 교수, 평론가

텍스트에 초점을 맞추어 보고자 한다. 물론 그동안 많이 나온 기형도 시인과 관련이 있는 많은 평론 자료와 시집 그리고 문학서적을 참조하여 그의 시세계를 이야기하고자 한다. 기형도 시세계는 시류에 따라 많은 평론가에 의해서 다양한 평가가 이루어지리라 본다.

II. 본론

1. 죽음에 다가가는 허무주의의 시세계

기형도의 시는 크게 세 가지로 분류할 수 있다. 첫째 부조리한 세상에 대한 원망, 둘째 세상에 무관심한 사람들에 대한 책망, 셋째 무기력한 자신에 대한 절망이 그의 시편을 이루는 의미소라고 생각한다. 우선 부조리한 세상에 대한 그의 원망을 살펴보자. 문학평론가 이명원은 자신의 저서 『연옥에서 고고학자처럼』 기형도 편에서 부조리한 시대의 절망을 이렇게 서술하고 있다.

> "기형도의 시세계는 현실원리와 쾌락원리의 경계가 소멸되어 있다. 그러나 그 소멸된 경계는 정종현의 시에서와 같이 자아가 사물로 틈입하여 몸 섞는 화해의 공간으로 나타나지 않는다. 중략, 그는 어디에도 속하지 못한다. 그것이 그를 고통스럽게 한다. 이때, 그는 절망한다."

이명원은, 이러한 절망을 이해한다면 기형도의 병적 허무주의를 어렴풋이나마 느낄 수 있다고 했다.

또한, 문학평론가 류신은 기형도 시세계에 대해서 "거창하게 시인 기형도의 존재론을 거론할 수 있는 기회가 주어진다면, 나는 그를 '검은 존재론(schwarze Ontologie)"의 화신化身으로 부르고 싶다. 왜냐하면 그의 시세계에는 세계에 대한 부정적인 인식에서부터 돌출되어진 고통과 파괴의 흉터들이 즐비하고 젊어서 세상을 등진 불우한 운명이 자아내는 죽음과 쇠락의 이미지들이 들끓고 있기 때문이다."라면서 세 가지 원천을 들고 있다. 그 하나는 시인의 가난한 자전적인 경험, 즉 유년과 청년기의 상실 체험에 연관되는 셈이며, 다른 하나는 그의 도시적 일상에 대한 부정적 인식과 실존의 부조리와 그로테스크를 우리 사회에 대한 날카로운 비판의 표지로 이해하는 셈이며, 또 다른 하나는 그의 갑작스러운 죽음과 연루되는 상징적인 진혼가의 잔영이다. 어쨌든 그의 돌연사 이후, 독자는 폭발적으로 늘어 이제 그의 시는 시작詩作을 꿈꾸는 문학도들에게는 일종의 '통과제의'의 성소가 되었다.

기형도의 시는 이미 신화의 궤도에 진입한 것이다. 죽음을 통해 다시 신화로 환생하는 끈질긴 저력, 불사不死의 시! 실로 끔찍한 아름다움이다. 기형도의 시가 고통스런 유년의 기억 반추라는 사적인 체험의 진술에서 벗어나 완결된 한 편의 시를 가능하게 했던 점은 유년 시절을 자연물을 통해 은유적으로 형상화하였다는 데 있다. 기형도 시의 중심적인 주제 의식은 '유년의 기억'에 있다. 자연을 통해 나타나는 유년의 기억은 단지 순수성 혹은 잊혀진 낙원에 대한 향수에 그치는 것이 아니라, 시적 자아의 근원적인 내면세계를 보여준다는 주제 의식을 담고 있다고 평했다.

    1
    아침 저녁으로 샛강에 자욱이 안개가 낀다.

    2
    몇 가지 사소한 사건도 있었다.
    한밤중에 여직공 하나가 겁탈당했다.
    기숙사와 가까운 곳이었으나 그녀의 입이 막히자
    그것으로 끝이었다. 지난 겨울엔
    방죽 위에서 醉客 하나가 얼어 죽었다.
    바로 곁을 지난 삼륜차는 그것이
    쓰레기 더미인 줄 알았다고 했다. 그러나 그것은
    개인적인 불행일 뿐, 안개의 탓은 아니다.
    중략(…)

    3
    아침 저녁으로 샛강에 자욱이 안개가 낀다.
    안개는 그 읍의 명물이다.
    누구나 조금씩은 안개의 주식을 갖고 있다.
    여공들의 얼굴은 희고 아름다우며

아이들은 무럭무럭 자라 모두들 공장으로 간다.

-「안개」 등단작품 부분

시인은 안개를 읍의 명물이라 말한다. 한 치 앞을 예측할 수 없는 국면을 우리는 안개 정국이라고 부른다. 세상뿐만 아니라 자신의 모습조차 안개에 쌓여 보이지 않는 막막함이란 절망의 극치가 아닐까. 부조리한 세상을 은폐하고, 어두운 현실을 직시할 수 없게 만드는 부정적인 상징의 안개 속에서 순진한 여직공이 겁탈을 당하고, 운이 나쁜 취객은 비명횡사를 하는 것이다. 그 안개는 아침저녁으로 하루도 빠짐없이 자욱하게 끼는 것이기에 삶 자체의 리듬과 밀접한 관련을 가진다. 시인은 안개의 탓이 아니라고 능글맞게 얘기하지만 그것은 반어적인 표현에 지나지 않는다. 상처입은 사내들이 폐수(폐수는 단지 환경오염의 측면만을 말하는 것이 아니라 현대사회의 총체적인 부조리를 의미한다.)의 고장을 떠나갔지만 누구도 다시 돌아오지 못했다. 왜냐하면, 그들은 이 세상에 존재하지 않는 유령들이기 때문이다. (대안이 없는 현실 도피는 죽음과 별반 다르지 않다.) 죽어서야 안개로부터 자유로울 수 있고 죽기 전까지 그들은 안개 속을 습관처럼 흘러 다녀야 한다. 세상에 무관심한 사람들에 대한 책망은 같은 시 「안개」에서 찾아볼 수 있다.

안개에 익숙하지 않은 사람들은 처음 얼마 동안은 안개를 경계하지만(부조리한 세상에 대한 경계와 비판적인 의식을 의미한다.)곧 남들(방관자 또는 안개의 끄나풀)처럼 안개 속을 이리저리 뚫고 다닌다. 습관이란 참으로 편리한 것이다. (근묵자흑이라는 말이 있듯이 부조리한 세상 속에서 부조리한 개인화는 지금도 진행 중이다.) 안개의 성역이 되어버린 도시, 안개는 결코 사라지지 않는다. 안개의 세계가 결코 행복하고 화창한 기억의 꽃밭이 아님을 상기시킨다. 오히려 그 세계는 "저 홀로 안개의 빈 구멍 속에/갇혀있을 느끼고 경악"하는 세계이다. 안개는 추악한 현실을 은폐시킨 공간이다. 안개가 서서히 걷혀 가고 현실이 눈앞에 드러나게 될 때 긍정은 산산이 깨지고 삶은 너무나 추악한 것이다. 그래서 환상은 깨졌고 현실도 그를 억압한다. 기형도 시에 나타나는 하나의 중요한 현상은 깨진 현실을 조립하거나 아예 조립을 포기하는 것이 아니라 그 두 공간에서 떨림을 모색한다는 데 있다. 안개는 도시의 '거대한 안개의 강'에서 발생한다. 안개의 강은 도시를 외부 세계와 구분짓고 고립시킨다. '앞서간 일행들'을 '천천히 지워' 버리는 힘을 지닌 안개는 도시의 안으로 침투해 들어와 사람들의 일상을 위협한다. 보이지만 실체가 없는, 자신을 드러내는 만큼 다른 존재들을 지워버리는 안개는 소멸이 아니라 실재의 실종을 확인하도록 만든다. 기형도 시에서 안개는 구름, 눈, 진눈깨비, 비, 물, 연기 등의 어두운 유사 이미지의 계열을 거느린다.

기형도 시세계에서 보이는 현실비판의식들은 대개 그의 직접적인 경험에서 기인하고 있다. 기형도의 시세계는 도저한 허무주의의 세계이다. 그러나 그의 시는 적극적인 의미에서는 허무로 읽혀져야 한다. 이는 그가 자신의 시를 통하여 현실의 부조리에 절망하거나 주저앉는 것이 아니라 그 현실을 헤매며 끊

임없이 모색을 해왔다고 보기 때문이다. 문제가 되는 것은 이러한 그의 시세계가 어떠한 의미를 지니며 현실과의 긴장관계를 통하여 무엇을 드러내고 있는가, 하는 문제이다. 이명원은 그의 저서 『연옥에서 고고학자처럼』의 기형도 편에서 이런 문제를 기술하였다. '나는 그의 시가 화해할 수 없는 현실 속에서 고통 받는 한 자아가 환상으로의 진입을 통하여 불화를 극복하고자 하였으나, 그마저도 불가능함을 깨닫고는 좌절하는 모습을 극명히 드러낸 데 그의 시의 본질이 놓여 있다고 생각한다.' 결국, 그는 부조리한 세계에서 부조리한 방법으로 부조리를 극복하고자 한 것이다.

이러한 자기해방의 한 해결 방식이 죽음이었다고는 단언할 수 없다. 고통 속에서 살아남는 것은 죽기보다 어려운 일이기 때문이다. 죽음은 곳곳에 깔려 있고 자신의 몸을 누이기만 한다면 그것으로 끝이기 때문이다. 시인에게 진정으로 필요한 일은 삶에서 죽음을 경험하는 것이지 죽음을 통하여 삶을 확장하는 것은 아니다. 죽음은 죽음으로써만 이해하는 것이 바람직하다. 기형도는 그의 유년 속에서 가장 가까웠던 누이의 죽음을 겪었다.

> 누이여
> 또다시 은비늘 더미를 일으켜 세우며
> 시간이 빠르게 이동하였다
> 어느 날의 잔잔한 어둠이

이파리 하나 피우지 못한 너의 생애를
소리없이 꺾어갔던 그 투명한
기억을 향하여 봄이 왔다
(중략…)
봄은 살아 있지 않은 것은 묻지 않는다
떠다니는 내 기억의 얼음장마다
부르지 않아도 뜨거운 안개가 쌓일 뿐이다
잠글 수 없는 것이 어디 시간뿐이랴
아아, 하나의 작은 죽음이 얼마나 큰 죽음들을
거느리는가
나리 나리 개나리
네가 두드릴 곳 하나 없는 거리
봄은 또다시 잡혔던 꽃술을 펴고
찬물로 눈을 헹구며 유령처럼 나는 꽃을 꺾는다

-「나리 나리 개나리」 전문

구름으로 가득찬 더러운 창문 밑에
한 사내가 쓰러져 있다, 마룻바닥 위에
그의 손은 장난감처럼 뒤집혀져 있다
이런 기회가 오기를 기다려온 것처럼
비닐 백의 입구같이 입을 벌린 저 죽음
(중략…)

-「죽은 구름」 부분

나는 한동안 무책임한 자연의 비유를 경계하느라 거리에서 시를 만들었다. 거리의 상상력은 고통이었고 나는 그 고통을 사랑하였다. 그러나 가장 위대한 잠언이 자연 속에 있음을 지금도 나는 믿는다. 그러한 믿음이 언제가 나를 부를 것이다. 나는 따라갈 준비가 되어 있다. 눈이 쏟아질 듯하다.(1988.11)

-「詩作메모」 전문

"아, 그는 어린애였다! 궁핍과 끔찍한 불행의 유년시절에서 한 발자국도 벗어나지 못한 닫힌 세계를 살아간 것이다. 그가 그토록 두려워한 바깥세상은 그에게 죽음의 형식으로 보였지만 나에겐 그의 세계가 죽음의 형식으로 보인다."3) 가족으로서 사랑과 조화를 느끼게 해주었던 누이의 죽음의 시 「나리 나리 개나리」에서처럼 '작은 죽음이 큰 죽음을 거느릴' 만큼 그에게는 충격적이고 고통스러운 사건이었다. 단순하고 위대한 이미지라면 어떤 것이나 하나의 영혼의 상태를 드러내게 마련이다. 유년의 계절의 체험과 함께 가족 공동체의 조화로움에서 분열의 확장을 꾀한 시 「병」에서 나타나는 가을의 이미지는 '도시적 삶의 해체' 내적 자아를 상실하고 방황하는 자아의 상처와 절망을 보여준다.4) 시인에게 죽음이란 물리적 의미를 넘어 풍경 넘어 풍경 속으로 드리우는 의식의 문제이다. 초월이라는 시의 특성상 시인으로 하여금 끝없이 죽음의 풍경을 몽상하게 한다.

---

3) 성석제, 「기형도, 삶의 공간과 추억에 대한 경멸」, 『사랑을 잃고 나는 쓰네』, 솔, 1994. P252.
4) 박철화, 「집 없는 자의 길 찾기, 혹은 죽음」, 문학과지성사, 1989 가을호, P105.

"나는 따라갈 준비가 되어 있다. 눈이 쏟아질 듯하다." 무엇을 따라간다는 말인가? 이데올로기? 희망? 절망? 황금시대에 대한 추억? 그것도 아니면 죽음? 나는 그 말의 의미를 (마치 파피루스 신성문자를 해독하듯이 반추해 보았었지만 궁극적 의미의 실마리를 도무지 잡을 수가 없었다.) 지금도 알지 못한다. 시집의 겉표지에 실린 시작 메모 중에 이런 구절들이 있다.

> "눈은 하늘 높은 곳에서 지상으로 곤두박질쳤다. 그러나 지상은 눈을 받아주지 않았다. 대지 위에 닿을 듯하던 눈발은 바람의 세찬 거부에 떠밀려 다시 공중으로 날아갔다. 하늘과 지상 어느 곳에서도 눈은 받아들여지지 않았다. 그러나 나는 그처럼 쓸쓸한 밤눈들이 언젠가는 지상에 내려앉을 것임을 안다. 바람이 그치고 쩡쩡 얼었던 사나운 밤이 물러가면 눈은 또 다른 세상 위에 눈물이 되어 스밀 것임을 나는 믿는다. 그때까지 어떠한 죽음도 눈 속에는 접근하지 못할 것이다."

그는 오랫동안 글을 쓰지 못했던 때가 있었는데 그 이유는 이 땅에 날씨가 나빴고 그 날씨를 견디지 못했다며 자신이 하고 싶었던 말들은 형식을 찾지 못한 채 대부분 공중에 흩어져 글을 쓰지 못하는 무력감을 그때 알았다고 기술하고 있다. 평론가 김현은 이미 그때(기형도 시인이 중앙일보 재직 시) 중앙일보 문학월평을 통해 기형도의 시에 '그로테스크 리얼리즘'이라는 이름을 붙여주었다. 그래서 기형도를 그로테스크한 현실주의 시인이라고 부른다. 그는 어둠 속에 가려진 어둠을 알고 있는(적어도 그 시절의 나에게는) 유일한 시인이었다. 전자가 부조리하고 희망 없는 세상이라면 후자는 그 안에서 고통받는 삶의 단면이다. 의도적인 것인지 무의식의 발로인지는 모르겠지만 그의 시편 대부분에는 어둠(어두운, 어두워지면 등의 품사변화와 가장 햇빛이 안 드는 곳, 시간은 0시, 눈을 감고 지나갔다 등의 이미저리도 포함)이라는 단어가 등장한다. 15촉 알 전구의 시학이라는 말로 그의 시를 상징할 수 있을까. 아니다. 어찌 가시적인 빛의 촉수만으로 보이지 않는 그의 어둠을 짐작할 수 있으랴.

2. 부재한 공간의 이미지 확장

세상을 변화시킬 수 없는 시인, 현실주의 세계관을 모색한 허무주의 시인, 연시를 거부한 시인, 그의 무기력한 자신에 대한 절망은 여러 시편에서 찾아볼 수 있다. 독자들에게 널리 알려진 「빈집」을 살펴보자.

> 사랑을 잃고 나는 쓰네
> 잘 있거라, 짧았던 밤들아
> 창밖을 떠돌던 겨울 안개들아
> 아무것도 모르던 촛불들아, 잘 있거라
> 공포를 기다리던 흰 종이들아
> 망설임을 대신하던 눈물들아
> 잘 있거라, 더 이상 내 것이 아닌 열망들아
> 장님처럼 나 이제 더듬거리며 문을 잠그네

가엾은 내 사랑 빈집에 갇혔네

-「빈집」 전문

"가엾은 내 사랑 빈집에 갇혔네"라든가(혹자는 빈집을 연시로 오해하는데 빈집은 결코 연시가 아니다.) "두려움이 나의 속성이며 미래가 나의 과거이므로…," "나의 영혼은 검은 페이지가 대부분이다…." "나는 기적을 믿지 않는다"(「오래된 서적」), "진눈깨비 쏟아진다, 갑자기 눈물이 흐른다 나는 불행하다 이런 것은 아니었다 나는 일생 몫의 경험을 다했다. 진눈깨비"(「진눈깨비」), "내 희망을 감시해온 불안의 짐짝들에게 나는 쓴다. 이 누추한 육체 속에 얼마든지 머물다 가시라고 모든 길들이 흘러온다, 나는 이미 늙은 것이다"(「정거장에서의 충고」) 등에서 발견할 수 있는 무기력한 존재의 절망은 부조리한 세상을 구원하지 못하는 자책과 자기부정을 통해 더욱 심화되어진다. 나는 그것을 변증법적 자기분열이라고 부른다. 희망과 절망은 서로 상반되는 것이 아니라 상호보완적인 체계 속에서 변증적인 분열과 통합을 반복하기 때문이다. 극과 극으로 치닫는 희망과 절망이란 이 세상에 존재하지 않는다.

「빈집」이란 공간은 세계를 인식하기 위한 최소한의 인식의 단위라고 본다면 시인은 시간과 공간을 넘나들면서 시적 화자를 세계에 가두어 놓고 있다. 기형도 시인의 시집 해설을 쓴 김현은 「빈집」 해설에서 빈집에 가두어 있는 이상한 가연성에 의해, 사랑을 빈방에 가두는 행위로 바뀐다고 서술하고 있다.

"사랑을 잃고 나는 쓰네"(81p)라고 말한 그는 "망설임을 대신하는 눈물들아 잘 있거라, 더 이상 내 것이 아닌 열망들아"라고 그녀를 향한 열망의 소유권 주장을 포기한 뒤(…) 더듬거리며 문을 잠근다. 그 방안에 갇힌 것은 그러나 놀랍게도 그가 아니라 "가엾은 내 사랑"이다."

위 글에 대하여 김현 씨는 그 사랑은 이제 그의 눈물을 자아내는 사랑이 아니라 그리움으로 되돌아보는 사랑이라 기술하고 있다. 또한, 그가 '영원히 닫힌 빈방의 체험'이라는 해설에서 지적했던 것처럼 기형도 시의 아름다움은 가난이나 이별 등의 상처에서 독특한 '미학적 의미'를 추출해내는 데 있다. 이 점, 서정시가 가장 쉽게 빠지기 쉬운 함정, 개인의 상처가 보편화하지 못하고 넋두리에 그칠 우려, 보편화하지 못한 상처의 낯 뜨거움에 대한 경계를 말한 것이리라. 기형도 시집 전편에 흐르는 주된 정조는 '가난'이나 '이별' 등의 '상처'이다. 이 시는 이별의 상처에 객관적 거리를 두면서, 그 이별의 체험에서 기형도다운, 차마(!) 아름다운 미학을 추출해낸다.

그 '추억을 경멸하는' 힘으로 기형도는 '사랑을 잃고' 무언가를 열정적으로 '쓴'다. 그것은 음울한 색채이지만, 그 음울함은 전적으로 독자가 느끼는 음울함이다. 정작 기형도는 그러한 상처도, 그러한 상처를 안고 살아가는 인간의 삶도 '저 홀로 없어진 구름' 같은 우연적인 것, '진눈깨비'와 같은 순간적인 것, '이제는 너무 멀리 떠내려 온 이 길'과 같이 표류하는 것, 그리고 '쓸데없는 것'이라는 전언을 해온다. 그 '빈집'은 '영원히 닫혀' 있는 것이어서 그가 들어가지 않는 한, 그 어떠한 것이 살아도 '빈집'인 것이다. 그가 곧 죽음을 예감하는 초로(早老)의 영혼에 대한 그러한 상처는 단지 치통처럼 욱신거리는, 무좀처럼 가려운 '아픔'일 뿐이다. 시인은 그러한 아픔을 치료할 의사가 전혀 없다. 그러한 아픔 위에서 '사랑을 잃고 쓰듯이' 음울하게 그러나 열정적으로 '쓸' 뿐이다. 그에게는 도통 상처를 치유할 의사가 없다. 힘이 없다.

> 열무 삼십 단을 이고
> 시장에 간 우리 엄마
> 안 오시네, 해는 시든 지 오래
> 나는 찬밥처럼 방에 담겨
> 아무리 천천히 숙제를 해도
> 엄마 안 오시네, 배추잎 같은 발소리 타박타박
> 안 들리네, 어둡고 무서워
> 금간 창 틈으로 고요히 빗소리
> 빈방에 혼자 엎드려 훌쩍거리던
> 아주 먼 옛날
> 지금도 내 눈시울을 뜨겁게 하는
> 그 시절, 내 유년의 윗목
>
> ―「엄마 걱정」전문

이 시는 시적 화자의 순수한 슬픈 동심이 묻어나오는 동화 같은 이야기를 담고 있다. 열무 삼십 단을 이고 시장에 간 어머니는 해가 진 지 오래되어도 돌아오시지 않고 홀로 남은 나는 어머니의 배춧잎 같은 발소리에 귀 기울이며 빈방에서 훌쩍거린다. 혼자 훌쩍거리는 어린 나는 무섭지만 또 다른 나의 자아는 성장한 모습이지만, 내 눈시울을 뜨겁게 하는 그 시절은 '나의 삶'의 차가운 윗목이 된다. 어린이에게 빈집은 공포의 대상이다. 어린이가 그리는 불행한 혼자이다. 행복한 집은 빈집이 아닌 연기가 지붕 위로 부드럽게 너울거리며 하늘로 올라가는 집일 것이다. 이 시에서 「빈집」이라는 닫힌 공간과 유년시절의 경험은 기형도 시의 중요한 모티브가 된다.

그의 유년 시절은 그의 시 「위험한 家系」나 위 시에서 드러나듯이 결코 언제나 돌아가고픈 순수의 세계도 인간적 삶도 아니었다. 그의 유년 시절은 가난과 아버지의 쓰러짐, 누이의 죽음으로 귀속된다. 그러하기에 기형도 시는 비관적이었고, 그로테스크할 수밖에 없는 것이다. 그의 초기의 시들이 자신의 그러한 비극적 유년 시절을 다루고 있었다면, 후기의 시들은 현실과 자아 사이의 괴리에 대해 다루고 있다. 그의 여러 작품 「대학시절」, 「조치원」, 「안개」 등에서 보여주었듯 그는 소외되고 현실에서 변두리로 밀려나 방황하는 사람들에 대해 이야기했다. 또한, 자아의 비애를 다루기도 했다.

> 밤 세 시, 길 밖으로 모두 흘러간다 나는 금지된다
> 장마비 빈 빌딩에 퍼붓는다

물 위를 읽을 수 없는 문장들이 지나가고
나는 더 이상 인기척을 내지 않는다
유리창, 푸른 옥수수잎 흘러내린다
(중략…)
아버지, 비에 묻는다 내 단단한 각오들은 어디로
갔을까?
빈들거리는 검은 유리창, 와이셔츠 흰 빛은 터진다
미친 듯이 소리친다, 빌딩 속은 악몽조차 젖지 못한다
물들은 집을 버렸다! 내 눈 속에 물들이 살지 않는다

ㅡ「물 속의 사막」 전문

「물 속의 사막」에서 시적 자아는 모두 잠든 깊은 밤에 유리창에 투영된 '읽을 수 없는 문장'을 보면서 곤혹스러워한다. 정체불명의 문장들은 자신의 의지와는 아무런 관계도 없이 일방적으로 괴롭힌다. 유리라는 단절의 매개에 의해 내부에 유폐된 나는 이질적인 의미 구조의 지평 위에 떠오르는 그 문장들을 읽을 수 없는, 물이 없는 공간이다. 물은 곧 생명을 의미한다. 생명이 없는 공간에 '나는 금지된다.' 우주에 존재하는 풍경은 유리창이라는 상징적 경계이며 그 경계를 자유롭게 드나들지 못하는 가두어진 자아는 공간에 가두어 놓고 있는 것이다. 존재, 세계, 실재의 전환, 수정, 회복으로 금지된 나는 물들이 살지 않은 단절[5]에서 탈피하기 위한 자아의 적극적인 모색이다.

---

5) 김수이, 「타자와 만나는 두 가지 방식-기형도, 남진우의 시에 관하여」, 계간 문학동네, 1997

"기형도의 시에서 나타나는 한 중요한 양상은 다른 시인들처럼 그 깨진 현실을 조립하려 하거나, 아예 조립을 포기하고 다른 세계를 만들어 가기에 안주하는 것이 아니라, 그 두 공간의 경계에서 떨림을 경험하는 데 있다."[6]

3. 비논리적인 텍스트

이튿날이 되어도 아버지는 돌아오지 않았다.
아버지는 간유리 같은 밤을 지녔다.
(중략…)
하루 종일 나는 문지방 위에 앉아서 지붕 위에서 가파른 예각으로
울고 있는 유지 소리를 구깃구깃 삼켜넣었다. 어머니가 말했다.
너는 아버지가 끊어뜨린 한 가닥 실정맥이야.
(중략…)
아으, 칼국수처럼 풀어지는 어둠! 암흑 속에서
하얗게 드러나는 집, 이 불끈거리는 예감은 무엇일까,
나는 헝겊 같은 배를 접으며 이 악물고 언덕에 섰다.
(중략…)
이제야 나는 어디에서 네가 불어오는지 알 것 같으다.
다음날이 되어도 아버지는 돌아오지 않았다.
그리고 그날 이후 나는 폭풍의 밤마다 오르는 일을 그만 두

---
[6] 이명원, 『연옥에서 고고학자처럼』 도서출판 새움, 2005, P41

었다.

　무수한 변증의 비명을 지르는 풀잎을 사납게 베어 넘어뜨리며

　이제는 내가 떠날 차례였다

-「폭풍의 언덕」 전문

　이 시의 특색은 가난했던 삶과 가족이야기가 담겨있는 서술시라고 분류하고 싶다. 시 자체에는 이야기가 없겠지만 시 배경에는 이야기가 있다. 그야말로 폭풍이 몰아치는 언덕을 넘나드는 위험하고 무서운 공간에 가족들이 기거한다. 돌아오지 않은 아버지가 부재한 가족의 삶은 궁핍과 가난에 찌들어 언제 무너질지 모르는 암흑 속에서 하얗게 드러나는 골동품이다. 무능한 아버지를 증오하고 미워하는 불만 속에서 누이의 무게, 어머니의 무게를 알게 되었다. 이 시의 특징은 산문적인 시이며 아버지를 배경으로 깔고 있지만 적절한 비유를 끌어들여 상징적인 이미지화, 형상화를 시도하여 시의 멋과 맛이 달콤하다. '구부러진 핀처럼 웃으며 누이는 긴 팽이 모자를 쓰고 언덕을 넘어갔다, '유지 소리를 구깃구깃 삼켜넣었다.' '나는 헝겊 같은 배를 접으며 이 악물고 언덕에 섰다.' 굶주림과 가난, 그리고 불안 공포가 눈앞에 생생하다. 가족사를 통해서 시적 화자 자신이 성장하는 과정을 서술적으로 잘 묘사해 주고 있지만 상당히 많은 부분에서 적절한 비유를 사용하여 애매성을 증폭시켰다. 또한, 이 시는 함축적인 이미지를 통해서 시적 긴장감을 증폭시켜 아름다운 시로 만들었으며 삶에 대한 정의를 밖으

로부터 안으로 승화시켰다. 모든 시라는 특징이 그러하듯이 기형도 작품도 비논리적인 텍스트가 애매모호하고 다양한 의미를 강하게 작용시키고 있다.

III. 맺음말

한국문학사를 살펴보면 시대에 따라 시류를 이룬 것도 사실이다. 앞으로 시류가 어떻게 움직일지에 대해서도 현재는 명확한 답이 없다. 기형도가 활동한 1980년대는 우리나라의 독재와 민주주의의 억압이 폭력성을 더해가는 시대였고, 자본주의의 가속화로 사회 전반에 걸쳐 갈등이 표출된 시기였다. 빈민 계층의 소외를 대변하는 민중시가 각광을 받았었는데 기형도는 그 범주에서 머무르지 않고 자기만의 시세계를 펼쳐나갔다. 70, 80년대 민중시는 한계가 있었다. 기형도는 그의 시세계에서 사회의 각종 부조리를 사랑과 희망의 상실, 죽음의 예감, 떠돎 등으로 노래하며 자신의 독특한 시세계를 펼쳤다. 그의 작품은 주로 유년기에 경험했던 일들에 대한 우울한 기억이나 회상, 그리고 현대의 도시인들의 살아가는 생활을 독창적이면서도 강한 개성이 묻어나오는 시어와 문체로 그려내고 있다. 그의 시에는 죽음과 절망, 불안과 허무 그리고 불행의 이미지가 환상적이고 일면 초현실적이며 공격적인 시인 특유의 개성적 문체와 결합하여 "그로테스크 리얼리즘"이라 평가받는 독특한 느낌의 시를 이루어내고 있다. 동일 이미지의 반복이 중첩에 의해 더욱 강화된다든지 돌연한 이미지와 갑작스런 이질적 문장의 삽입, 도치, 콤마에 의한 분리, 감정의 고조 등 시어 구성과 문체가 일관되게 지속된 그의 암울한 세계관이라는 부정적 이미지를 형상화시키는 데 효과적으로 사용되고 있으며 유년시절 불우한 가족사와 경제적 궁핍, 그리고 죽음에 대한 체험과 이에 대한 강렬한 심미적 각인이 시 전체에 가득한 삶에 대한 부정적 영상을 이끈 원인이자 그의 시적 모티브를 유발하고 있는 동인이며 시인이 세상을 바라보는 창을 닫고 비관적 세계로 침잠케 한 주된 이유로 이해되고 있다.

그의 시세계는 현실에 대한 역사, 즉 역사적 전망이 없으므로 그의 시는 퇴폐적이라 말할 수 있다는 비판이 있으나 초현실적 이미지를 추구하면서도 일상의 현실을 비판한 독특한 시세계는 주목할 만하다 하겠다. 하지만, 시류에 따라 그의 시세계를 연구하는 많은 평자는 어떤 모색을 세상에 내놓을지 흥미롭다. 이제 그는 이 세상에 존재하지 않는다. 그러나 그의 시는 그의 존재를 대변하고 있다. 그의 작품세계를 한마디로 "무덤 속에서 피어난 수수께끼 미학"이라 단정 짓고 싶다. 그렇게 죽음에 다가간 그는 지금도 시를 쓰고 있을까. 검은 존재론의 화신, 그의 시에 대한 올바른 평가가 내려지기를 기원해 본다.

Ⅳ. 참고 문헌

기형도 『입속의 검은 입』 서울 문학과지성사, 1989.
기형도 『기형도 전집』 문학과지성사, 1999.
이선영 『문학비평의 방법과 실제』 삼지원, 2005 개정판
이명원 『연옥에서 고고학자처럼』 새움, 2005.
김수이 「타자와 만나는 두 가지 방식-기형도,
       남진우의 시에 관하여」, 문학동네, 1997.
성석제 「기형도, 삶의 공간과 추억에 대한 경멸」,
       『사랑을 잃고 나는 쓰네』 솔, 1994.
김 현 『입속의 검은 잎』 문학과지성사, 1989.

- 서울디지털대학교문예 창작학부 졸업논문
- 2009년 '파블로네루다문학상'
  평론부문 최우수상 수상작 (계간 『문예춘추』)